AF250817

FACULTÉ DE DROIT DE PARIS

DROIT ROMAIN

DE CERTAINS EFFETS DE L'INSOLVABILITÉ

DROIT FRANÇAIS

DES EFFETS DU JUGEMENT DÉCLARATIF DE FAILLITE

THÈSE POUR LE DOCTORAT

PAR

CONSTANTIN NACOU

PARIS

IMPRIMERIE DE CUSSET ET Cⁱᵉ

26, RUE RACINE, 26

1870

DROIT ROMAIN

DE CERTAINS EFFETS DE L'INSOLVABILITÉ

DROIT FRANÇAIS

DES EFFETS DU JUGEMENT DÉCLARATIF DE FAILLITE

THÈSE POUR LE DOCTORAT

SOUTENUE

le Jeudi 27 Janvier 1870

PAR

CONSTANTIN NACOU

Né à Buccuresci (Roumanie)

PRÉSIDENT : M. VALETTE, professeur,

SUFFRAGANTS :
MM. GIRAUD,
DUVERGER,
DEMANGEAT, — Professeurs
GLASSON, — Agrégé.

Le candidat répondra, en outre, aux questions qui lui seront faites
sur les autres matières de l'enseignement.

PARIS

IMPRIMÉ PAR CUSSET ET Cᵉ,

RUE RACINE, 26, PRÈS DE L'ODÉON.

1870

A MON PÈRE, A MON FRÈRE.

A MES AMIS

Dr E. SEVERIN ET J. PAGEZY.

DROIT ROMAIN.

DE CERTAINS EFFETS DE L'INSOLVABILITÉ.

INTRODUCTION.

« Si dans la république romaine les législateurs avaient
« établi la cession de biens, on ne serait pas tombé dans
« tant de séditions et de discordes civiles, et on n'aurait
« point essuyé les dangers des maux, ni les périls des re-
« mèdes. » (Montesquieu, *De l'esprit des lois*, liv. V,
chap. xv.) En effet, dans tous les temps, les différentes
luttes intérieures avaient le plus souvent pour cause l'état
déplorable du débiteur romain. Dans chacune des révolutions des plébéiens contre les patriciens qui signalèrent les
premiers temps de la république, comme aussi dans les

guerres civiles de ses derniers jours, l'amélioration du sort du débiteur est constamment la question qui s'agite.

Combien de fois n'a-t-on pas serté cette loi agraire, qui, comme on l'a dit, était un spectre issu du tombeau de Spurius Cassius !

La position du débiteur, telle qu'elle est décrite par les auteurs, offre un effrayant tableau. Il ne pouvait en être autrement. Dès les premiers temps de Rome, nous trouvons une population nombreuse, condensée sur un territoire de peu d'étendue, moitié marais, moitié sable, et depuis le nombre des habitants va toujours en augmentant. Cette population n'avait pas à sa disposition les sources de travail de nos temps modernes. L'industrie était presque nulle, et pour les travaux les plus usuels on se servait des esclaves. Dès l'époque de l'expulsion des rois, la classe moyenne commence à disparaître. L'agriculture était le seul moyen de vivre, et le petit cultivateur succombe dans les luttes qu'il devait soutenir contre le grand propriétaire. Ce dernier était en même temps le grand capitaliste et le grand entrepreneur, et réunissait ainsi dans ses mains les créances hypothécaires, les grandes affaires, les fournitures et les entreprises des travaux publics. Pour le petit commerce, on préposait encore des esclaves. Le monopole de la vente du blé n'était pas moins funeste au petit cultivateur. Enfin il devait succomber sous les charges de l'emprunt : forcé d'emprunter de l'argent pour son équipement de guerre, il abandonnait son champ, sa récolte, sa maison, pour se trouver à son retour sans ressources, ce qui l'obligeait, pour soutenir son exploitation, à doubler, à tripler les sommes empruntées.

Cela rend facile l'explication de tant de révolutions. En 259, pendant la guerre, une révolte éclate. Le consul, Publius Servilius, suspend provisoirement la loi en matière de poursuites; il met en liberté les individus incarcérés pour dettes et empêche de nouvelles incarcérations. La plèbe consent à continuer la guerre; mais, au retour de la bataille, l'homme de la campagne retrouve la prison et ses chaînes.

Dans la guerre suivante, le dictateur, Manius Valérius, propose des réformes; le sénat s'y oppose. De là une nouvelle révolution, l'une des plus grandioses; car, sans qu'une goutte de sang fût versée, elle a enfanté le tribunat.

Coriolan exilé se donne la mort pour ne pas combattre contre sa patrie. S'il était exilé, c'est parce qu'il avait proposé l'augmentation du prix du blé.

En 315, Spurius Mælius fait une proposition analogue; le lendemain, on le trouve mort dans son lit.

En 370, Marcus Manlius, le sauveur du Capitole, est frappé à mort, parce qu'un jour, voyant mener en prison, pour cause de dettes, un de ses compagnons d'armes, il offre de payer pour lui et veut vendre tous ses biens pour la libération des débiteurs.

La loi Pætilia (V. dans le corps de la thèse), n'a pas été suffisante pour extirper le mal; car, en 467, nous voyons éclater une nouvelle révolte dirigée contre les créanciers. Même après la défaite de Cannes, lorsque le sénat armait jusqu'aux esclaves, une foule de débiteurs gémissent encore au fond des cachots.

Dans les derniers temps de la république, les souffrances sont les mêmes, et, pendant les guerres civiles, la loi agraire et l'amélioration du sort des débiteurs servent d'instruments aux agitateurs.

Lorsqu'en 665 le préteur Asellio paraît disposé à donner satisfaction aux réclamations des débiteurs, demandant l'application de la loi sur l'usure, les porteurs de créance l'égorgent sur la place même de la Concorde.

Sous Cinna, une loi de Lucius Valérius Flaccus le Jeune réduit toutes les créances à la quatrième partie de leur valeur nominale, annulant les trois autres quarts à la décharge du débiteur.

La guerre civile terminée, la position reste la même. Après Sylla, les prolétaires sont encore menaçants, leur nombre augmente à la suite des proscriptions et confiscations. Catilina, pour augmenter le nombre de ses adhérents, inscrit sur son drapeau : *Libération des débiteurs et suspension des dettes.*

Malheureusement la loi sur la cession de biens n'arrive que sous César. C'est là un des plus grands progrès de la législation romaine ; cette loi n'a eu qu'un seul défaut, celui d'être venue trop tard.

Du temps de l'empire encore, le nombre des débiteurs est fort grand. Il n'y a plus de cachots privés, mais ceux de l'État sont encombrés. Les souffrances du débiteur, bien loin de produire une révolte analogue à celle qui amena le tribunat, ne donnent naissance qu'à des lettres de l'Empereur aux fonctionnaires, leur recommandant la surveillance des prisons, la répression des mauvais traitements commis sur les prisonniers.

On voit que l'étude de la position du débiteur n'est pas dépourvue d'intérêt. Elle est intéressante pour le philosophe, désireux de suivre pas à pas les progrès faits dans la voie de l'amélioration du sort des pauvres, progrès immenses, qui ne s'accomplissent qu'à travers les siècles. De la fameuse disposition de la loi des *Douze Tables*, permettant aux créanciers de couper en morceaux et de se partager le corps du débiteur commun, de la position des *nexi* et des *addicti*, on passe à la vente totale des biens entraînant après elle l'infamie, jusqu'à ce qu'on arrive aux dernières constitutions impériales, étendant de plus en plus les cas d'application de la loi sur la cession de biens. Cette étude offre encore un intérêt bien précieux à l'homme politique, qui peut voir comment les souffrances de la plèbe et l'obstination des hautes classes à ne pas y pourvoir donnent naissance à des troubles sans fin et mettent plus d'une fois la société à deux doigts de l'abîme. Elle est non moins intéressante pour le jurisconsulte qui veut étudier toutes les questions difficiles que soulève un pareil sujet.

En face d'une matière si difficile et si étendue, nous sommes bien loin d'avoir la prétention de présenter une étude approfondie. Nous nous bornerons à tracer les principes, à signaler surtout les modifications apportées dans la législation romaine.

Quant à la classification de la matière, elle se fait d'elle-même. Nous traiterons chaque institution, suivant l'ordre chronologique dans lequel elles ont apparu. Ainsi, nous aurons à parler rapidement des *nexi* et des *addicti*, nous entrerons après cela dans l'étude de la *bonorum venditio*, qui a duré presque autant que la procédure formulaire, nous traiterons de la cession de biens, nous aurons à voir ensuite par quelle institution a été remplacée la *bonorum venditio*, enfin, pour compléter le sujet, nous étudierons une des principales garanties accordées au créancier contre les actes de son débiteur, celle qui est connue sous le nom d'*action Paulienne*. Le sujet est déjà vaste et nous renonçons à entrer dans l'étude difficile de la séparation des patrimoines.

CHAPITRE PREMIER.

DES NEXI.

« *Nexum est, ut Manlius scribit, omne quod per libram et æs geritur.* » (Varron.) Le *nexum* (de *nectere*, lier), c'était l'acte de prestation d'argent, dans lequel on employait l'airain et la balance, en se servant des formes et des mots consacrés. Les parties devaient être présentes, elles devaient de plus être assistées par cinq témoins. C'était là aussi la forme le plus anciennement employée pour la transmission de la propriété des choses *mancipi*, pour la mancipation. Mutius n'admettait le *nexum*, dans les cas de *mancipio dari*, qu'autant qu'à la transmission de la propriété venait s'ajouter la création d'une obligation, comme dans le cas de *mancipatio* avec clause de fiducie. « *Mutius quæ per æs et libram fiunt ut obligentur, præterquam mancipio detur. Hoc verius esse ipsum verbum ostendit de quo quærit, nam idemquod obligatur per libram nexumque (ou nemque) suum fit, inde nexum dicitur.* » (Varron, *De lingua latina.*)

Sur quels objets pouvait porter l'opération ? Quelles choses pouvaient être transférées dans le *nexum* ? Nous suivrons ici la doctrine, d'après laquelle il n'y avait dans cette opération, qu'une *satisdatio*, une garantie donnée pour assurer le payement de la dette contractée, garantie consistant dans les *operæ* de l'obligé par le *nexum*. En effet, voici comment Varron définit le *nexus* : « *Liber qui suas operas in servitutem pro pecunia quam debebat, dabat dum solveret, nexus vocabatur, ut ab ære oberatus.* » Cependant Puchta soutient que l'objet de l'engagement, c'était la personne même du débiteur. Il fonde son opinion sur une objection faite à ceux qui soutiennent que l'objet du *nexum*, c'était la somme empruntée, objection consistant en ce que l'argent n'était pas une chose *mancipi*, et comme tel, ne pouvait pas faire l'objet d'une opération *per æs et libram*. En raisonnant ainsi, Puchta ne s'est pas aperçu que l'argument pouvait être retourné contre lui-même; car l'homme n'est pas une chose *mancipi*, et pas plus que l'argent, il ne peut être l'objet de la mancipation. Suivant M. Sell, l'objet de l'obligation était les *operæ futuræ* du *nexus;* il voit là une des exceptions annoncées par Papinien (Dig. *De regulis juris L.* 77) à la règle « *actus legitimi non recipiunt diem vel conditionem.* » Mais cette opinion est inadmissible, car elle tend à exclure du *nexum* toute opération ayant pour objet une somme d'argent, et nous savons que, même en se conformant à la définition étroite de Mutius, le *nexum* trouvait sa principale application dans le *mutuum*. Cette opinion est encore inadmissible, parce que d'après elle la même somme servirait en même temps comme objet et comme prix de l'emprunt, les *operæ* n'étant autre chose que le prix de l'indemnité due pour défaut de payement à l'échéance convenue. Nous adopterons donc la traduction suivante, donnée par M. Giraud, du texte de Varron : « On appelle *nexus*, le débiteur qui rend au créancier des services serviles, après l'échéance de la dette, pour un temps indéterminé, jusqu'à l'extinction de la créance et en vertu d'une convention particulière. » (Des *Nexi.*)

Ici se présente la question, si difficile, de savoir si l'engagement de la personne était permis chez les Romains. La difficulté naît de l'apparente antinomie des différents textes. Gaius (Com. I, § 117) nous dit que les personnes qui se trouvaient sous la puissance paternelle pouvaient être mancipées de la même manière que les esclaves, et il donne la même décision pour les femmes *in manu* (§ 118). Nous savons encore que le majeur de 20 ans qui se laissait vendre comme esclave pour prendre sa part du prix perdait la liberté et devenait l'esclave de l'acheteur, quand celui-ci était de bonne foi (Inst. liv. I., tit. III, § 3). On a voulu conclure de ces décisions que l'homme libre pouvait être l'objet d'une convention. Cette opinion est aujourd'hui abandonnée et cela, croyons-nous, à juste titre. Les textes cités ne peuvent pas être sérieusement invoqués en faveur de l'affirmative. D'abord, en ce qui concerne la mancipation des personnes *in patria potestate* ou *in manu mariti*, ce n'était là qu'une formalité, un moyen d'arriver au but qu'on voulait atteindre, celui de faire cesser la puissance paternelle ou maritale. En second lieu, pour ce qui est du cas de perte de la liberté, il n'y a là qu'une peine infligée à celui qui voulait s'enrichir frauduleusement aux dépens de l'acheteur, et il ne prouve en rien que la liberté d'un homme ait pu former l'objet d'une convention. Loin de là, nous avons des textes, en face desquels le doute n'est pas permis, où nous voyons que le commerce des hommes libres était expressément défendu. Citons les plus explicites : « On ne peut pas par convention devenir l'esclave, ni l'affranchi de quelqu'un (L. 37, Dig., *De liberali Causa*). » « Il est certain que les hommes libres ne peuvent, par des pactes privés ou par tout autre acte quelconque, changer leur condition et devenir esclaves. » (L. 10, C. J., *De liberali Causa*. V. aussi L. 4, Dig. *Quibus ad libertatem proclamari*, etc. ; L. 0, § 2, Dig., *De statu liberis.*)

Le créancier avait droit aux *operæ* de l'*oberatus*, comme
à celles de toutes les personnes se trouvant sous sa puissance : il pouvait encore se faire payer sur la fortune du
débiteur. Il avait contre le débiteur un droit de contrainte
privée, sans avoir à invoquer l'aide du magistrat. C'était là
un droit exorbitant qui rendait odieuse cette institution.
Cependant il est probable qu'avant d'en arriver à l'exécution, on devait faire au débiteur une sommation, ou plutôt
une dénonciation en présence des témoins ayant assisté à
l'acte, et cela trente jours avant les poursuites (Den.
d'Halic., V, 69, VI, 26, 29, 37, 41.; Tite-Live., II, 23;
VIII, 28). Hurcke généralise cette donnée et il admet que,
chez les Romains, toutes les fois que la personne d'un débiteur était menacée, on devait lui faire, avant l'exécution,
trois dénonciations préalables à dix jours d'intervalle l'une
de l'autre (Den. d'Halic., VI, 83).

Malgré cela, le *nexus* conservait, en droit, toute sa liberté (Tite-Live, II, §23, 28; Den. d'Halic., VI, 41). Il ne su-
bissait aucune *capitis deminutio*, pas même une *deminutio existimationis*. Il ne perdait pas le droit d'agnation
et ne cessait pas d'être *paterfamilias;* il pouvait encore
servir dans les légions (Den. d'Halic., VI, 41). Mais cela
seulement en droit, car en fait sa position ne différait guère
de celle d'un esclave. En effet, le créancier avait le droit de
le faire travailler, quoiqu'il n'acquît sur lui ni le *dominium*,
ni le *mancipium*, ni aucune autre puissance.

Les notions que nous venons de donner ont déterminé
les auteurs à comparer le droit du créancier sur le *nexus*
avec le droit du créancier gagiste sur la chose donnée en
gage. Cette assimilation n'était pas étrangère, paraît-il, aux
jurisconsultes romains.

La position du *nexus* avait quelque analogie avec celle
de l'*auctoratus*. Comme le *nexus* promettait *per æs et*

libram ses *operæ*, de même l'*auctoratus* promettait, sous la garantie du serment, ses services de gladiateur. Les Romains ne voyaient pas là une *localio operarum* et, comme sur le *nexus*, le créancier n'acquérait sur l'*auctoratus* aucune puissance. Mais à la différence du *nexus*, l'*auctoratus* encourait l'infamie.

Le droit de contrainte privée sans l'intervention du magistrat était trop rigoureux pour le débiteur; il devenait encore plus rigoureux par les abus auxquels il donnait naissance. On voyait dans chaque maison de patricien l'endroit où devaient être emprisonnés les malheureux débiteurs. On s'élevait hautement contre ces abus. L'abolition de l'institution ne devait pas retarder. On n'attendait qu'une occasion, elle se présenta, et on ne la laissa pas passer sans en profiter. L'attentat de l'usurier Papirius sur la personne d'un jeune homme, Pubilius, son débiteur, qu'il tenait enchaîné, amena la loi *Pætilia*, vers l'an 420 de la fondation de Rome. Nous rencontrons ici un de ces cas, assez fréquents dans l'histoire romaine, où un abus fait naître une disposition législative, portant une amélioration, soit dans l'ordre public, soit dans l'ordre privé. D'après cette loi Pætilia, on ne pouvait pas offrir au créancier des *operæ serviles* pour l'indemniser du défaut de payement; les débiteurs qui se trouvent liés au moment de sa promulgation, seront libérés, à la condition qu'ils indiqueront les biens possédés par eux pour servir de gage au créancier.

CHAPITRE II

DES ADDICTI.

Le *nexum* conférait au créancier contre le débiteur un droit trop rigoureux ; aussi n'y recourait-on que dans les cas extrêmes, quand celui qui empruntait n'avait rien à donner en gage pour garantir le payement. La règle si naturelle, et qui nous paraît si simple, d'après laquelle celui qui s'oblige oblige le sien, n'a pas existé dès l'abord chez les Romains. Nous justifierons cela plus loin. Si aucune garantie n'était donnée, le créancier qui avait obtenu un jugement ou une reconnaissance de la dette (*confessus pro judicato est qui quodammodo sua sententia damnatur* (l. 1 Dig., *De confessis*), après trente jours laissés au débiteur pour s'exécuter, pouvait exercer contre le condamné ou contre le *confessus in jure* une *manus injectio*, en prononçant ces mots : « *Quod tu mihi judicatus sive damnatus es, sestertium decem millia* (ou toute autre somme), *quæ dolo malo non solvisti, ob eam rem ego tibi sestertium decem millium judicati manus injicio.* » (Gaïus, IV, § 21.) Le débiteur était alors *judicatus* ou *adjudicatus* (Gaïus, III, §§ 180 et 100 argum.). Il était amené devant le magistrat (*in jure*). Mais il ne pouvait plus se défendre seul (*manum sibi depellere*), il devait recourir à un *vindex*. S'il ne payait pas, ou s'il ne trouvait pas de *vindex* dans un certain délai, que nous ne pouvons pas bien connaître, le *judicatus* était attribué (*addictus*) par le magistrat au créancier qui pouvait l'amener chez lui et le mettre aux fers. Si pendant les soixante jours qui suivaient l'*addictio*, l'*addictus* ne payait pas, il était amené de nouveau devant le magistrat, après avoir été, durant trois jours consécutifs, porté au marché; alors il pouvait être tué ou vendu au delà du Tibre (*trans Tiberim*) (Aulu-Gelle, X, 1, XV, 13). S'il y avait plusieurs créanciers, la loi des Douze Tables, d'après ce que rapporte Aulu-Gelle, leur permettait de se partager le corps du débiteur commun. Nous nous garderons bien de discuter le point de savoir s'il faut prendre à la lettre cette décision, ou s'il faut n'y voir que le droit accordé aux créanciers de discuter le patrimoine de leur débiteur. Disons seulement, en faisant justice aux Romains, qu'Aulu-Gelle certifie n'avoir jamais entendu dire que les créanciers aient usé de ce droit. La lui des Douze Tables déterminait encore le *maximum* du poids de chaînes qui était de 15 livres. L'*addictus* devait pourvoir à ses dépenses; s'il n'avait pas de quoi vivre, le créancier était tenu de lui fournir au moins une livre de farine par jour (Aulu-Gelle X, 1). Cette disposition est pour nous d'un grand intérêt, car elle sert à résoudre une des difficultés que nous rencontrerons bientôt, celle de savoir si par l'*addictio* les biens du débiteur passaient au créancier.

L'*addictus* reste toujours homme libre, il n'encourt aucune *capitis deminutio*. On a souvent confondu la position de l'*addictus* et celle du *nexus*. Ce n'est cependant pas la même chose, car le créancier n'a aucun droit sur le produit du travail de l'*addictus* ni sur son patrimoine, et ses enfants, paraît-il, ne tombent pas sous la puissance du créancier, tandis qu'il en était autrement en cas de *nexum*.

On a voulu assimiler l'*addictus* à celui qui se trouve *in mancipio*, en se fondant sur le droit du créancier d'exercer l'action *furti* contre celui qui aurait soustrait l'*addictus* (Gaïus, III, § 190). Cette décision particulière ne peut pas former la base d'un système qui admettrait une *capitis deminutio* résultant de l'*addictio*; car dans ce cas le patrimoine du débiteur devrait passer au créancier, et nous avons vu que, d'après la disposition de la loi des Douze Tables, le créancier n'était obligé de fournir au débiteur la livre de farine qu'autant que ce dernier n'avait pas de quoi vivre; donc le débiteur conservait son patrimoine. Mais nous avons des textes bien plus positifs. Ainsi, nous voyons que celui *qui vel in publica vel in privata vincula ductus est* peut continuer et accomplir une prescription, et par cela rendre possible une *restitutio in integrum* (L. 23, Dig., *Quibus ex causis majores*, etc.), ce qui nous prouve qu'il gardait sa fortune. Si nous examinons les différences que Quintilien (Inst. orat., liv. VII, chap. III) énumère entre l'*addictus* et l'esclave, nous trouvons pleinement justifiée notre opinion. La première différence, c'est que l'esclave *manumissus* est un *libertus*, tandis que l'*addictus* qui, par le payement, est libéré, est un *ingenuus*. En second lieu, l'esclave ne peut devenir libre sans la volonté du maître; l'*addictus* qui a payé l'est de plein droit (celui qui a *in mancipio suo* une personne abandonnée *noxaliter causa* ne peut pas être forcé de la libérer). En troisième lieu, *ad servum nulla lex pertinet, addictus legem habet* (celui qui se trouve *in mancipio* peut avoir l'action *injuriarum* contre le maître qui s'est rendu coupable d'injures, Gaïus, I, § 141). Enfin, l'*addictus* garde toujours ses *prænomen, nomen, cognomen*, et même sa tribu (car l'infamie qu'entraînait après elle l'*addictio* paraît dater seulement de la loi Pætilia); donc il n'encourait aucune *capitis deminutio*.

Les créanciers pouvaient-ils, l'*addictio* prononcée, s'attaquer aux biens du débiteur? La question n'est pas sans difficulté. Tout le bien du débiteur doit servir de gage à son créancier. Le respect que les Romains avaient pour le droit de propriété privée, quelque grand qu'il fût, ne pouvait pas l'emporter sur le respect dû à la personne. Écoutons Tite-Live, quand il dit : « *pecuniæ creditæ bona debitoris, non corpus, obnoxium esset,* » et encore quand il dit : « *Ne quis militis, donec in castris esset, bona possideret aut venderet.* » Tous ces textes ont fourni des arguments à ceux qui soutiennent qu'avant de mettre la main sur la personne du débiteur, l'*addictio* avait pour effet de permettre au créancier de s'attaquer aux biens de son débiteur. Cependant cette opinion, quoique soutenue par Niebuhr et Zimmern, est aujourd'hui abandonnée. Les textes que nous venons de citer nous disent que le débiteur conservait tous ses droits sur son patrimoine, et qu'il n'avait qu'à payer pour se soustraire aux suites rigoureuses de l'*addictio*. Le respect dû à la personne ne pouvait pas être bien grand à cette époque-là, tandis que les différentes dispositions des lois nous montrent dès les premiers temps quelle importance on attachait au respect de la propriété. Enfin, les textes de Tite-Live n'ont en vue, probablement, que celui qui était obligé en vertu du *nexum*. Cependant, du moment que le créancier avait tué ou vendu le débiteur, comme sa personne a disparu, il paraît assez probable que ses biens devenaient la propriété du créancier.

Il est assez difficile et même impossible de savoir si la famille (la femme et les enfants) suivait la condition misérable de son chef.

On a soutenu que l'*addictio personæ* fut abolie par la loi *Pœtilia;* cependant les auteurs ne parlent que de l'abolition des *nexi*. Ce qui est certain, c'est que la condition de l'*addictus* a dû être améliorée, la loi *Partilia* défendant de tenir une personne dans les fers pour cause de dettes. L'*addictio* continue d'exister, mais son application devient de plus en plus rare. D'abord, comme l'*addictio* devait être précédée de la *manus injectio*, et comme la *manus injectio* était une *legis actio*, elle ne pouvait pas survivre longtemps à la loi *Æbutia*. L'*addictio* a du être remplacée par d'autres institutions, tendant à tempérer de plus en plus les rigueurs de l'ancien droit. Ainsi, la création des prisons publiques, la défense d'enfermer les débiteurs dans les prisons privées, la *bonorum venditio* et enfin la loi *Julia* sur la cession de biens, tout cela a contribué à faire disparaître complétement l'*addictio*, de sorte qu'il n'en est plus question dans les derniers temps.

CHAPITRE III.

DE LA BONORUM VENDITIO.

Lorsqu'une condamnation était prononcée en faveur du fisc, ou lorsqu'une confiscation avait lieu sur un citoyen, le préteur envoyait les questeurs en possession des biens du condamné; on vendait ses biens en bloc, *sub hasta*. Celui qui se portait enchérisseur succédait *in universum jus* au vendeur, absolument comme un héritier : il y avait là une succession *jure civili*. C'était ce qu'on appelait une *bonorum sectio*. Cette *bonorum sectio* a été généralisée et étendue à toute exécution par le préteur Publilius Rufus, et ainsi fut créée la *bonorum venditio*. Nous ne connaissons pas précisément l'époque vers laquelle la *bonorum venditio* fut admise, mais il paraît qu'elle n'était pas encore bien ancienne du temps de Cicéron. Nous possédons une plaidoirie du grand orateur, *Pro Quinctio*, dans laquelle il cherche à soustraire son client aux rigueurs de cette *bonorum venditio*.

Le droit civil connaissait encore la *bonorum auctio* qui différait de la *bonorum sectio* en ce qu'on ne vendait pas la totalité des biens, mais seulement chaque objet séparément. Ici, comme dans le cas de *bonorum sectio*, chaque objet se vendait *sub hasta* et l'acheteur faisait une acquisition d'après un mode du droit civil.

Nous ne nous occuperons ici que de l'institution préto-rienne, la *bonorum venditio*. Nous allons chercher dans quels cas elle avait lieu, en second lieu quelles en étaient les formes, et enfin quels en étaient les effets.

§ 1. *Dans quels cas il y avait lieu à la* bonorum venditio.

Ce qui donna naissance à cette institution, ce fut la né-cessité dans laquelle se trouvait le créancier d'avoir un moyen pour se faire payer, lorsque, par une cause quel-conque, il ne pouvait pas obtenir à l'égard du débiteur une condamnation ou un aveu. Cicéron (*Pro Quinctio, XIX*) fait, d'après les termes de l'édit, l'énumération restrictive de ces cas, c'est : 1° Lorsque le débiteur, pour frauder le créancier, se tenait caché (*Qui fraudationis causa lati-tant*); 2° lorsque le débiteur mourait sans laisser d'hé-ritier (*cui hæres non exstabit*); 3° lorsque le débiteur était exilé (*cui exsulii causa solum verterit*); 4° lorsque le débiteur, étant absent, ne s'est pas défendu (*qui absens judicio defensus non fuerit*). Les cas d'application de-vinrent ultérieurement plus nombreux ; on étendit l'institu-tion même aux cas où le créancier avait déjà obtenu une condamnation. Cela nous explique pourquoi l'énumération faite par Gaius (Com. III, § 78) est plus considérable. Ainsi il ajoute : 5° le cas où le débiteur a fait cession de biens, d'après la loi *Julia* (*item eorum qui ex lege Julia bonis cedunt*); 6° Le cas où le débiteur, étant condamné, n'a pas exécuté la condamnation dans le temps qu'on lui accordait à cet effet (*Item judicatorum post tempus quod eis, partim lege XII Tabularum, partim edicto prætoris, ad expediendam pæcuniam tribuitur*). Reprenons suc-cessivement ces cas.

A. *Qui fraudationis causa latitant.* —Pour se trouver

dans ce premier cas deux conditions sont exigées : 1° le fait matériel, il faut que le débiteur soit matériellement caché; 2° le fait intellectuel, il faut que le débiteur se cache dans l'intention de frauder ses créanciers. C'est ainsi qu'il peut être caché même sur une place, *circa columnas aut stationes* (même loi, § 13. Cujas repousse la version proposant de lire *statuas*, au lieu de *stationes*). A plus forte raison, il n'est pas nécessaire que le débiteur se trouve dans une autre ville que ses créanciers. Voilà pour le fait matériel. —Quant au fait intellectuel, l'intention de frauder, voici comment s'exprime le jurisconsulte : « Voyons ce qu'on entend par se *cacher ?* ce n'est pas, suivant la définition de Cicéron, se dérober par honte aux regards, car, il se peut que quelqu'un soit caché pour un motif qui ne soit point honteux : ainsi, lorsque quelqu'un fuit la cruauté d'un tyran; ou la violence des ennemis ou les guerres civiles (C. 7, § 4 Dig. *Quib. en caus. in poss. catur*). Il n'est pas nécessaire qu'il se cache en vue de frauder tous ses créanciers, il suffit, pour donner lieu à la vente, qu'il ait l'intention de frauder même un seul créancier. Ici les jurisconsultes romains discutaient la question de savoir, si les créanciers que le débiteur ne voulait pas frauder pouvaient demander la vente des biens. Suivant Pomponius, ils ne le pouvaient pas, mais, d'après Ulpien, ils le pouvaient (§ 10, même loi). C'est pour cela que les biens d'un fou ne pouvaient pas être vendus, sous prétexte qu'il a voulu se soustraire aux poursuites de ses créanciers, *Quia non se occultat qui suus non est* (§ 14 même loi). C'est encore pour cela que si le débiteur se cache avant l'arrivée de la condition, à laquelle est soumise son obligation, la vente de ses biens ne peut pas avoir lieu (§ 9 même loi).

B. *Cui hæres non exstabit.* — Du moment qu'on avait acquis la certitude de l'inexistence de l'héritier, légitime ou testamentaire, la vente totale des biens avait lieu, et cela quand même il y aurait des biens suffisants pour payer tous les créanciers.

C. Cui exsulii causa solum verterit. — Nous savons qu'anciennement existait la peine de l'interdiction de l'eau et du feu. Elle fut remplacée, peu à peu, par la déportation. Plusieurs effets se rattachaient à cette peine, entre autres : la perte de la puissance paternelle et la perte des biens. La condamnation pouvait, du temps de l'Empire, être effacée par la *restitutio* qui produisait des effets plus ou moins étendus, suivant qu'elle était accordée *per omnia* ou qu'elle était partielle.

La *relegatio in insulam* était une peine temporaire ne donnant probablement pas lieu à la vente des biens.

Paul nous parle (L. 6, § 2, même titre) du cas où un citoyen tombait en captivité; ses créanciers pouvaient alors vendre ses biens. Il est très-difficile, dans ce cas, de déterminer les effets du *postliminium.*

D. Qui absens judicio, defensus non fuerit. — Ce quatrième cas paraît rendre superflu le premier : du moment qu'il suffit que le débiteur ne se défende pas, à quoi bon encore exiger qu'il se cache frauduleusement? Ulpien répond à cette objection lorsqu'il nous dit (L. 2, § 3, Dig., même titre) : « *Defendi autem videtur qui per absentiam suam in nullo deteriorem causam adversarii faciat;* » le débiteur est censé se défendre tant qu'il n'occasionne aucun dommage au créancier et la vente ne pourra pas avoir lieu; tandis que si le débiteur se cache, la vente aura lieu sans qu'il y ait à se préoccuper si le créancier a ou non éprouvé par là un préjudice. La position du *latitans* est aussi plus difficile que celle de celui qui ne se défend pas, en supposant que le procès porte sur la revendication d'une chose. S'il s'agit du *latitans* on enverra le demandeur en possession de tous les biens du débiteur, tandis que dans le cas contraire il ne sera envoyé en possession que du bien qui forme l'objet du litige (L. 7, § 17, même titre). En outre, le *latitans* perd toute espérance de reprendre les biens vendus, tandis que celui qui ne s'est pas défendu peut reprendre la chose en se présentant dans l'année, et en prouvant que cette chose lui appartenait.

Il est donc très-important de connaître si le débiteur s'est défendu ou non ; car la vente des biens dépend de cette condition. Parmi les arguments que Cicéron invoque en faveur de son client, celui sur lequel il insiste le plus, c'est que Quinctius n'est pas dans une situation telle qu'on puisse dire qu'il ne s'est pas défendu.

Si nous supposons le débiteur mineur, la vente ne pourra avoir lieu qu'autant que le Préteur prendra connaissance de la cause. Les créanciers doivent agir contre le tuteur. S'il n'y a pas de tuteur, on fait venir les parents ou les amis ou même les esclaves du débiteur mineur ; s'ils ne viennent pas, alors il y aura lieu à l'envoi en possession des biens, mais les biens ne pourront pas être vendus. Cet état cessera du moment que le mineur, devenu majeur, ou toute autre personne se présentera pour défendre (L. 5, § 1, Dig., même titre). On devra seulement donner au pupille des aliments jusqu'à sa majorité (L. 39 princ., Dig. *De rebus auctoritate*, etc., Paul, Sentences, liv. V, tit. V, § 1). Même décision pour le *furiosus* et le *prodigus*.

E. *Item corum qui ex lege Julia bonis cedunt.* Nous aurons à traiter de la cession de biens bien plus longuement et nous y renvoyons.

F. *Item judicatorum post tempus quod eis, partim lege XII tabularum partim edicto prætoris, ad expediendam pœcuniam tribuitur...* Nous connaissons déjà le délai qu'on accordait au débiteur condamné pour s'exécuter ; il était de trente jours, d'après la loi des Douze Tables, sauf le droit du préteur de prolonger ce délai *causa cognita*. On assimilait au condamné le *confessus in jure* qui était obligé de la même manière, qui jouissait des mêmes délais, et qui, faute de payement, encourait les mêmes rigueurs.

L'extension donnée à la *bonorum venditio* par son application même au cas où il y a eu procès, fut un progrès remarquable dans l'adoucissement du sort du débiteur ; car, malgré les effets rigoureux qui s'y rattachaient, la position du débiteur était bien meilleure ; il ne se voyait plus menacé dans sa vie ou dans sa liberté.

§ 2. — *Formes de la* bonorum venditio.

Les créanciers réunis devaient obtenir, par un premier édit, l'envoi en possession des biens du débiteur. Les termes de l'édit sont : *In bona ejus... iri jubebo* (L. 2, princ. Dig. *Quibus ex causis*, etc.). Il y avait plusieurs cas d'envoi en possession : *Tres fere causæ sunt ex quibus in possessionem mitti solet : rei servandæ causa, item legatorum servandorum gratia, et ventris nomine* (L. 1, Dig., même titre). Dans tous ces cas l'envoi en possession était de tous les biens ; dans le cas de l'envoi en possession *damni infecti nomine* il était seulement de la chose à l'occasion de laquelle la caution demandée était refusée.

L'envoi *rei servandæ causa* avait lieu dans le cas qui nous occupe. Il avait encore lieu, dans le cas où un créancier hypothécaire s'adressait au magistrat pour faire vendre le bien donné en gage, faute de payement.

Il y avait lieu à l'envoi *damni infecti nomine*, dans le cas suivant : lorsqu'une maison ou toute autre construction menaçait ruine, celui qui avait juste crainte d'éprouver un préjudice par suite de sa chute avait le droit d'exiger une caution pour garantir l'indemnité de ce préjudice éventuel. Si cette caution était refusée, celui qui l'avait demandée pouvait s'adresser au Préteur pour obtenir, en vertu d'un édit, l'envoi en possession de la construction menaçant ruine.

Il y avait encore l'envoi en possession *ventris nomine*. Lorsqu'une femme devenait veuve étant enceinte, elle devait le déclarer. Alors, le Préteur envoyait une personne en possession des biens qui devaient advenir à l'enfant, afin qu'elle pût les lui conserver.

Nous connaissons encore l'envoi *servandi judicati causa*; c'était l'envoi *en possession* qu'obtenait celui qui avait une sentence en sa faveur, pour assurer l'exécution de la condamnation.

Enfin, il y a l'envoi *legatorum servandorum gratia*, dans le cas d'un legs conditionnel. Le légataire pouvait, *pendente conditione*, demander que l'héritier lui donnât caution relativement à l'exécution du legs. Si l'héritier refusait de donner caution, le légataire pouvait demander l'envoi en possession des biens composant l'hérédité.

Pour sa validité, l'envoi devait être notifié au débiteur (l. 4, § 6, Dig. *De damno infecti*). Cicéron fait de cette condition une arme pour attaquer l'envoi en possession des biens de son client et pour en demander la nullité.

Il n'était pas nécessaire que tous les créanciers fussent présents. Théophile paraît dire le contraire; mais Paul est assez explicite, quand il dit : « *Et commodius dicitur, cum prætor miserit non tam personæ solius petentis, quam creditoribus et in rem permissum videri; quod et Labeo putat* (L. 12, princ. Dig. *De rebus auctoritate*, etc.) » Ainsi, ce n'est pas tel ou tel créancier qui est envoyé en possession, c'est la masse même des créanciers, représentée par un ou plusieurs d'entre eux : « On nous objectera, dit

« le jurisconsulte, que nous ne pouvons acquérir par au-
« trui, si ce n'est par les personnes que nous avons sous
« notre puissance, et qu'ici il y a une acquisition faite par
« l'intermédiaire d'une autre personne. Il faut répondre
« que les autres créanciers n'ont rien acquis par celui qui
« est envoyé en possession ; car celui ci n'a même rien
« acquis pour lui ; il n'a fait que régler sa créance et
« ce n'est qu'ainsi que les autres créanciers en ont profité.
« C'est pour cela que si celui qui a obtenu l'envoi n'était
« pas créancier, on ne pourrait pas dire que les véritables
« créanciers possèdent, car la demande est nulle. » Et il
ajoute : « Il en sera autrement. si le créancier qui l'a ob-
« tenu a reçu ce qu'on lui devait ; les autres créanciers
« pourront poursuivre la vente. » Au contraire, s'il s'agit
de l'envoi obtenu par un légataire, comme cet envoi n'est
donné que *personæ solius petentis*, il ne peut pas profiter aux autres légataires.

Après l'édit du Préteur, devait venir le fait de l'entrée en
possession des biens. Pour cela il n'était pas nécessaire
d'avoir la détention matérielle de la chose. Si, par une raison quelconque, cette détention était impossible, l'envoi
n'en restait pas moins valable ; ainsi tel champ est inondé,
tel objet se trouve entre les mains des voleurs (L. 12, § 2,
l. 13, Dig. même titre).

La saisie ne pouvait s'opérer que sur les biens situés
dans le territoire, sur lequel le Préteur avait l'*imperium*.
Ce n'était que le magistrat qui avait l'*imperium* qui pouvait
accorder l'envoi ; aussi les magistrats municipaux ne le
pouvaient-ils pas (L. 26, Dig. *Ad municipalem*).

Le créancier à terme ou conditionnel pouvait-il aussi demander l'envoi en possession ? Quant au créancier à terme,
la question ne s'est pas présentée. Pour le créancier sous
condition, voici comment s'exprime la loi 6 *principio* Dig.

Quibus ex causis, etc. : « *In possessionem mitti solet cre-ditor, etsi sub conditione ei pecunia promissa sit.* » D'autre part, la loi 14, § 2, même titre, qui est du même jurisconsulte Paul, donne la décision contraire : « *Creditor autem conditionalis in possessionem non mittitur : quia is mittitur qui potest bona ex edicto vendere.* » Plusieurs conciliations ont été proposées sur ces deux textes. Suivant Doneau, la loi 6 doit être corrigée ; il n'y a pas là une véritable possession, la possession du créancier conditionnel ne conférant ni le *pignus prætorium*, ni le droit de vendre. Heineccius, l'annotateur de Doneau, trouve cette explication difficile à admettre, et il en propose une autre. Suivant lui, la loi 6 prévoit une obligation conditionnelle, mais telle que la condition doit nécessairement s'accomplir ; dans la loi 14, § 2, au contraire, on suppose une obligation conditionnelle, la condition étant incertaine. Dans le premier cas, comme on est certain que l'événement d'où dépend l'obligation s'accomplira, on assimile l'obligation conditionnelle à l'obligation à terme, et le créancier pourra obtenir l'envoi en possession, ce qu'il ne pourra pas faire dans le second cas. Heineccius concilie de la même manière la loi 50 *principium* D. *De peculio* avec la loi 7, § 15, même titre. Dans la première de ces lois, Papinien suppose un père de famille qui est actionné par l'action de *peculio* : il n'y a cependant rien dans le pécule. Il y décide qu'il n'y aura pas d'envoi en possession des biens, attendu que le père ne peut être tenu *de peculio*, qu'autant qu'il y a quelque chose dans ce pécule. Dans la seconde, Ulpien donne la décision contraire : les biens du père peuvent être saisis et vendus, quand même il n'y aurait pas de biens dans le pécule, « *quia*, dit-il, *esse potest.* » D'après Heineccius, dans le premier cas, il y a certitude que rien ne se trouvera dans le pécule, dans le second cela est douteux.

Antonius Faber propose une autre conciliation. Suivant lui, la loi 6 suppose un créancier conditionnel; mais il y a encore d'autres créanciers qui ont déjà demandé l'envoi; alors le créancier conditionnel peut en profiter. Il doit en être autrement, s'il n'y a que ce créancier conditionnel; nous devrons alors appliquer la loi 14, § 2; car sans cela ce serait trop dur, qu'une personne qui n'est pas sûre de devoir quelque chose vit ses biens saisis.

A toutes ces explications, plus ou moins subtiles, nous préférons celle de Cujas. Il est incontestable que le légataire conditionnel peut se faire envoyer en possession des biens formant l'hérédité, pour être sûr qu'il sera payé de ce à quoi il aura droit, la condition venant à s'accomplir. Il peut, en effet, demander caution pour assurer le payement de son legs et doit obtenir l'envoi en possession des biens de l'hérédité, en cas de refus de l'héritier. Il est vrai que tant que l'incertitude durera, le légataire ne pourra pas vendre les biens; mais l'envoi en possession produit tout son effet, en ce sens qu'il confère au légataire le *pignus praetorium*, dont nous parlerons bientôt. Cela tient à ce que l'héritier est, dès à présent, obligé envers le créancier à lui fournir caution, et ce n'est que faute de remplir cette obligation que les biens seront saisis. Le créancier conditionnel n'est pas créancier *pendente conditione;* il ne peut exiger du débiteur ni caution, ni gage, pour assurer le payement; comme tel, il ne peut pas saisir, il ne peut pas vendre les biens du débiteur. Voilà la décision donnée par la loi 14, § 2. Dans la loi 6, au contraire, le jurisconsulte nous apprend qu'habituellement le créancier conditionnel est envoyé en possession des biens, mais cela pour remplir une simple formalité, attendu que l'envoi ne lui assure, ni le droit de vendre, ni même le droit de suite, conféré par le *pignus praetorium*. Les deux lois, au lieu d'être contradictoires, se complètent l'une l'autre. Comme nous le voyons, Cujas arrive à la même décision que Doneau; mais Doneau ne donne aucune bonne raison en faveur de son opinion.

Une fois l'entrée en possession effectuée, il se produit deux grands effets. A. Le débiteur est dessaisi de tous ses biens, dont il ne conserve plus l'administration. B. Tous les biens du débiteur se trouvent grevés d'un droit de gage (le *pignus prætorium*), conférant aux créanciers le droit de suivre les biens, partout où ils se trouveront.

A. *Administration des biens.* — Immédiatement après l'envoi en possession, le débiteur se trouve dessaisi de ses biens. Pour l'administration des biens, la majorité des créanciers, avec le consentement du Préteur, nomme un curateur. Les créanciers pourront encore nommer parmi eux un surveillant, pour éviter l'altération des registres et pour faire l'inventaire des biens du débiteur existant au moment de l'entrée en possession.

Celui qui est nommé curateur peut refuser; il n'y a pas là un *munus publicum*, comme la tutelle des impubères (L. 2, § 3, Dig., *De curatore bonis dando*). Le curateur peut intenter toutes les actions du débiteur, susceptibles de périr par un laps de temps. Il est responsable envers les créanciers de son administration, et en revanche, il a contre eux l'action *mandati contraria*. Si parmi les créanciers il y a des absents, le curateur n'a contre eux que l'action *negotiorum gestorum contraria*, et même seulemen à la condition qu'il ait voulu, en administrant les biens, faire l'affaire de ces créanciers absents; autrement, il n'y aura des deux côtés qu'une action *in factum* (L. 22, § 10, Dig., *Mandati*).

S'il y a plusieurs curateurs, chacun d'eux est tenu pour le tout, et, par contre, chaque curateur a l'action pour le tout contre chacun des créanciers. Cette responsabilité pour le tout a lieu quand même l'acte aurait été passé par un seul curateur; mais elle cesse, si les autres curateurs se sont opposés à ce que l'acte fût passé, ou lorsque les curateurs sont nommés *pro portionibus* (L. 3 et 2, § 5. Dig., *De curatore bonis dando*). Le curateur peut être parmi les créanciers ou ailleurs (même loi 2, § 4). Lorsque dans l'intérêt de l'administration des biens, l'acte devra être passé par un des administrateurs, ils s'entendront sur celui qui devra passer l'acte, et s'ils ne s'entendent pas, le Préteur le désignera (L. 8, § 4, Dig., *De rebus auctoritate*, etc.).

Le curateur nommé ne peut pas se choisir un remplaçant. Il peut seulement donner mandat à quelqu'un de passer tel ou tel acte (L. 9 et 2, § 3, Dig., *De curat. fur. argum*).

Le curateur peut faire tous les actes d'administration.

Les fruits perçus pendant le temps de l'administration profitent au débiteur. Les créanciers sont responsables envers le débiteur de toute détérioration, sauf le recours des créanciers contre le curateur.

B. *Pignus prætorium*. — Les créanciers, après l'envoi en possession, acquièrent sur les choses par eux possédées un *pignus*, qui leur confère le droit de les poursuivre dans le cas où le débiteur les aurait aliénées. Ce *pignus* est appelé *prætorium;* il ne faut pas le confondre avec le *pignus judiciale*, créé pour assurer l'exécution d'une sentence. Doneau critique cette dénomination de *pignus judiciale*. En effet, dit-il, ce *pignus*, justement comme, le *pignus prætorium*, n'est constitué que par le Préteur, ou par un magistrat; car c'est le magistrat, et non pas le juge, qui veille à l'exécution d'une sentence. Cependant la désignation est restée telle. On appelle *pignus judiciale*, le *pignus* qui, quoique constitué par le Préteur, ou par tout autre magistrat ayant ce pouvoir, est créé dans le but d'assurer l'exécution de la décision d'un juge; on appelle, d'autre part, *pignus prætorium*, le *pignus* constitué par l'édit du Préteur, pour assurer aux créanciers la possession des biens dans laquelle ces créanciers ont été envoyés.

Ce qui caractérise le *pignus prætorium*, c'est qu'à la différence du *pignus judiciale* et du *pignus conventionale*, il ne peut exister qu'autant que le créancier est entré en possession des biens. Voilà pourquoi la vente faite avant l'entrée en possession est parfaitement valable, et pourquoi le créancier n'a aucun droit de suite. En pareil cas le créancier n'a que le secours de l'action paulienne, en supposant l'acquéreur de mauvaise foi.

Un autre caractère de notre *pignus prætorium*, c'est que la règle *prior tempore potior jure* ne lui est pas applicable : le créancier qui se présente le premier doit souffrir la concurrence du créancier qui se présente le dernier. Nous avons déjà répondu à l'objection tirée de ce qu'il y aurait ici une acquisition faite par l'intermédiaire d'une personne libre.

Il faut noter encore une différence entre le *pignus prætorium* et le *pignus judiciale*. Le *pignus prætorium* ne cesse pas d'exister avec l'*Imperium* du magistrat qui l'a créé, tandis qu'il en est autrement du *pignus judiciale*; nous savons que les moyens d'exécution ne tombent pas par la mort ou la cessation des fonctions du magistrat qui les a créés. Mais il est à remarquer que le créancier qui a obtenu l'envoi en possession, à la différence du légataire, doit renouveler cet envoi chaque année, et que l'envoi opéré contre le débiteur n'a pas d'effet à l'égard de son héritier. Le *pignus judiciale*, au contraire, peut être opposé à l'héritier de la personne condamnée.

La possession des biens devait durer trente jours. Si dans ce délai le débiteur ne payait pas, les créanciers se réunissaient de nouveau ; ils désignaient un *magister*, chargé de la vente des biens. La vente devait être faite conformément aux conditions publiées dans une sorte de cahier de charges rédigé par les créanciers. Pour la nomination du *magister*, il intervenait un second décret du Préteur, qui *causa coguita*, fixait le délai dans lequel la vente devait s'opérer. On a *assimilé* ce délai de trente jours et le second décret du Préteur au délai de trente jours et au décret du Préteur, qui, en vertu de la loi des Douze Tables, devaient précéder l'addictio (Gaïus, Com. III, § 75).

Ici se présente la question de savoir si le curateur, dont nous avons parlé et dont il s'agit dans les textes du Digeste, est la même personne que le *magister* dont il est fait mention dans Gaïus et Théophile, question d'un intérêt plutôt historique que pratique. Sur ce point plusieurs explications ont été données. Ainsi on a soutenu d'abord que le *magister* était nommé pour la vente totale des biens et le *curator* pour la vente partielle. Cette explication est assez difficile à admettre, car les textes sur lesquels elle se fonde ne paraissent pas faire cette distinction. En effet, dans la loi 6 § 1, Dig., *Quibus ex cassus*, etc., il s'agit d'un débiteur prisonnier chez l'ennemi; ses biens seront saisis et la vente sera ajournée, jusqu'à une certaine époque; pendant ce temps un *curator* sera nommé pour l'administration des biens. Il est vrai que dans la loi 8 du même titre il est dit, que tant que dure l'incertitude sur l'existence d'un héritier, ceux des créanciers qui auront le droit de vendre une partie des biens du débiteur défunt pourront le faire, et que pour le reste des biens, il sera nommé un curateur; mais rien ne nous autorise à dire que c'est là le seul cas où il sera nommé un curateur.

Dans une seconde opinion, assez répandue, on soutient que le *curator* est nommé pour l'administration des biens, dans l'intervalle qui sépare les deux décrets, tandis que le *magister* est nommé à l'effet de pourvoir à la vente des biens. Cette opinion, assez plausible, n'a contre elle qu'un texte de Paul, où il donne la définition du *magister* (L. 57, § 16, Dig., De verb. signif.) : « *Cui præcipua cura rerum incumbit, et qui magis quam cæteri, diligentiam et sollicitudinem rebus quibus præsunt, debent, hi magistri appellantur.* »

Cujas donne une autre explication plus simple. Suivant lui, le *magister* était, du temps de la procédure formulaire, ce qu'était le curateur, du temps de la procédure extraordinaire. Pour se conformer aux usages du temps, Tribonien a dû changer le mot de *magister* en *curator*, partout où ce mot se trouvait. Il est vrai que Théophile, qui a pris une grande part aux travaux de Justinien, se sert de l'expression *magister;* mais n'oublions pas qu'il traite de la *bonorum venditio* qui, elle non plus, n'existait plus du temps de Justinien, et cet argument, loin d'être contraire à l'opinion de Cujas, ne fait que la confirmer.

Une autre formalité à remplir, c'était la publication, faite par les créanciers par des affiches, annonçant la vente (*præscriptio*) des biens. D'après Théophile, ces affiches devaient être ainsi conçues : « Les biens d'un tel, notre débiteur, doivent être vendus; nous ses créanciers, nous poursuivons la vente de son patrimoine; que quiconque veut acheter, se présente. »

Enfin dans certains délais, déterminés par le préteur, on fixe l'époque de la vente des biens. A cette époque la vente se faisait dans un endroit public. La vente comprenait tous les biens. Cependant on laissait quelque chose au débiteur (nous avons là-dessus un texte assez intéressant au point de vue des mœurs des Romains) ; ainsi on laissait au débiteur les statues élevées en son honneur dans les places publiques, soit qu'elles le fussent aux frais de l'État, soit qu'elles le fussent aux frais du débiteur (L. 27, Dig., *De rebus auctoritate*, etc.) ; on lui laissait encore l'esclave qui lui servait de concubine, comme aussi les enfants issus de ce concubinage (L. 38, princ. Dig., même titre.)

Les créanciers pouvaient surenchérir, mais seulement à la condition qu'il y eût d'autres surenchérisseurs. Ils avaient un droit de préemption ; les cognats du débiteur avaient le même droit. Suivant Faber, entre un créancier simple et un créancier qui était en même temps un cognat, on préférait le dernier ; il n'invoque aucun texte à l'appui de ce qu'il avance.

§ 3.   *Effets de la* bonorum venditio.

Le débiteur était dépouillé de tous ses biens et il perdait tout son patrimoine. C'est cette vente de tous les biens qui a fait dire à Cicéron qu'il défendait la propre vie de son client, en cherchant à le préserver de cette vente. Voici sous quelles couleurs il dépeint la position du débiteur, vis-à-vis des surenchérisseurs : « Que peut-il arriver à un homme de plus humiliant, de plus malheureux et de plus déplorable ? Que la fortune ait dépouillé un citoyen de ses biens, ou que l'injustice les lui ait ravis, si sa réputation est sans tache, l'honneur le console de la pauvreté. Tel autre déshonoré dans l'opinion, ou flétri par un jugement, jouit encore de ce qu'il a, et n'est pas réduit à la dure nécessité d'implorer des secours étrangers, *c'est au moins une ressource, un adoucissement à l'excès de ses maux.* Mais, celui dont on vend les biens, celui qui a vu sa fortune tout entière, sans en excepter ce qui est indispensable pour vivre et se vêtir, livrée par la voix du crieur à l'ignominie de l'encan, celui-là n'est pas seulement retranché du nombre des vivants, il est rabaissé, si cela est possible, au-dessous même des morts. En effet, un trépas honorable couvre souvent de sa gloire une vie honteuse; une vie honteuse ne laisse pas même l'espoir d'un trépas honorable. Aussi la saisie, mise juridiquement sur les biens de l'infortuné, frappe en même temps son honneur et sa réputation. Celui qui voit sa honte écrite aux lieux les plus fréquentés de la ville ne peut pas même périr dans l'obscurité et dans le silence. Celui auquel la loi donne des syndics et des maîtres pour lui dicter les conditions de sa ruine, celui dont le crieur proclame le nom et met la propriété à l'enchère, assiste, tout vivant qu'il est, à ses propres funérailles, si l'on peut appeler ainsi cette scène de pillage, où, au lieu d'amis rassemblés pour honorer sa mémoire, il n'accourt que d'avides acheteurs, qui viennent, comme des bourreaux, se disputer entre eux les restes de son existence. (Cic. *Pro Quinctio*, XV.) »

Le débiteur n'avait aucun droit à la restitution de ce qui restait du prix de la vente, une fois les créanciers payés. Cela résulte incontestablement de la loi 7, § 11 Dig. *Quibus ex causis* etc., malgré l'interprétation que veut en donner Doneau.

Le débiteur pouvait, après la vente des biens, faire de nouvelles acquisitions. Les créanciers antérieurs à la vente pouvaient-ils s'attaquer aux biens nouvellement acquis? Suivant Gaïus (Com. II, § 155), les créanciers pouvaient parfaitement faire vendre ces biens; mais, d'après Venuleius (Loi 25, § 7 Dig. *Quæ in fraudem creditorum*, etc.), celui qui avait subi la vente totale des biens ne pouvait plus être inquiété pour des faits antérieurs à cette vente. Ce qu'il y a de certain, c'est que, d'après le pur droit civil, les créanciers pouvaient toujours faire vendre les biens, mais le débiteur, avec le secours du Préteur, pouvait se défendre contre eux. Seulement, si les biens nouvellement acquis étaient d'une grande importance, le Préteur refusait alors son secours, et les nouveaux biens étaient aussi vendus. C'est là la conciliation adoptée par la plupart des interprètes.

Mais ce que le débiteur avait le plus à craindre, c'était l'infamie. C'est là l'effet le plus rigoureux de la *bonorum venditio*. C'est à cause de cette infamie que Cicéron, s'adressant aux créanciers, s'écrie : « Avouez donc que ce n'est pas de l'argent que vous voulez, mais la vie et le sang de votre adversaire ! » (XIX, 0.) Cette infamie, encourue par le débiteur, a été cependant un véritable progrès dans sa position, le jour où, par extension, la *bonorum venditio* a remplacé l'ancienne *addictio* de la loi des Douze Tables.

Nous disons que c'est la vente consommée qui entraîne l'infamie et non pas seulement l'envoi en possession ; nous avons sur ce point des textes assez précis. Mais Cicéron et ce qui nous reste des Tables d'Héraclée paraissent attacher cet effet même à l'entrée en possession. Nous ne voyons là qu'une inexactitude, provenant probablement de ce que le plus souvent l'envoi en possession est suivi de la vente des biens ; le débiteur n'a qu'à satisfaire ses créanciers et, incontestablement, l'infamie ne sera pas encourue.

Cette infamie donnait lieu pour le débiteur à plusieurs déchéances. Parcourons-les en quelques mots, en évitant d'entrer dans la discussion des différentes questions controversées qui s'y rattachent. Parmi ces déchéances les principales tenaient au droit public.

L'infâme perdait le droit à tous les honneurs et à toutes les dignités (*ius honorum*) : *Turpi judicio damnati in perpetuum omni honore et dignitate privantur* (Cic., *Pro Cluentio*; 42, L. 11 Dig. *Ad legem Jul. de rei privata*). L'infâme perdait encore le *suffragium*. Nous croyons, avec M. de Savigny, que dans le droit privé, aussi bien que dans le droit public, le *jus suffragii* ne pouvait pas exister sans le *jus honorum*. Voici comment le savant jurisconsulte défend son système : Le premier argument est tiré par *a fortiori* de ce que nous trouvons dans Cicéron, lorsqu'il fait la comparaison entre les effets de l'infamie et ceux du droit des censeurs. Cicéron nous dit que l'infamie est dans ses effets plus funeste que la peine édictée par les censeurs; or, d'après lui, les censeurs pouvaient « *de senatu moveri... in œrarios referi, aut tribu moveri* » (*Pro Cluentio*, 43). Si le pouvoir des censeurs peut aller jusqu'à faire ranger celui qu'ils voulaient punir parmi les *œrarii*, *a fortiori* l'infamie devait produire cet effet. M. de Savigny cite encore un texte de Saint Augustin (*De civitate Dei*, 11, 13), où il est dit que les comédiens, d'après Cicéron et Scipion, « *nisi modo honore civium relinquorum carere, sed etiam tribu moveri notatione censoria,* » or la perte du droit de suffrage ne pouvait se rattacher qu'à l'infamie encourue par les comédiens. Nous traduisons les mots *tribu moveri*, comme désignant la perte totale du *jus suffragii* et non pas seulement dans le sens restreint de changer de tribu, que leur donne Cicéron dans le texte cité plus haut. Ce qui nous autorise à les prendre dans ce sens, c'est que Tite-Live et Valère-Maxime leur donnent le même sens quand ils font encourir l'incapacité du service militaire à celui qui « *tribu movetur.* » Enfin il y a dans les Tables d'Héraclée un texte où l'on voit notées d'infamie à peu près les mêmes personnes que celles dont il est parlé dans l'Edit du Préteur, et il est dit que ces personnes perdent le droit d'occuper certaines fonctions ou dignités, mais non pas qu'elles perdent aussi le *jus suffragii*. Cela tient, d'après M. de Savigny, à ce que l'on pouvait très-bien, sous l'Empire, donner aux personnes auxquelles il était défendu de figurer dans les comices de Rome, le droit de prendre part aux affaires publiques dans les provinces, tout en leur interdisant d'arriver à des dignités. Et ce n'est pas là la seule différence qui existe entre l'Édit et ce que nous trouvons dans les Tables d'Héraclée. Celles-ci, par exemple, ne parlent pas de l'infamie encourue par la femme coupable de violation de deuil.

Malgré la perte du *jus honorum* et du *jus suffragii*, l'infâme n'encourait aucune *capitis deminutio*. Cela nous explique que celui dont les biens ont été vendus ait encore la possibilité de faire de nouvelles acquisitions. L'infâme ne perdait pas sa liberté (à la différence de ce que nous avons vu pour les *addicti*); il ne perdait pas, quant au droit privé, le droit de citoyen; il ne perdait pas non plus le droit d'agnation. Nous pouvons donc accuser Cicéron d'exagération, quand il répète à plusieurs reprises que son client est menacé dans sa vie. (*Quid igitur pugnæ? an ne in civitate sit? ne numeretur inter vivos? decernat de vita et ornamentis suis omnibus.— Pro Quinctio, XII*). On peut encore voir par là combien l'assimilation de l'infamie à la *capitis deminutio* est inexacte (L. 103, Dig., *De verbor. signif.*)

Cependant l'infâme encourait d'autres déchéances, même au point de vue du droit privé. Ainsi, il ne pouvait pas postuler en justice pour autrui; c'est justement à l'occasion de l'incapacité d'être *postulator* qu'on en arrive dans le Digeste à traiter de l'infamie. On faisait exception pour le cas où il s'agissait de plaider pour un père ou pour un parent ou allié, ou pour une personne qui ne pouvait pas se défendre toute seule (L. 1, § 8, l. 5-8, Dig. *De postul.*; Sentences de Paul, I. 2, § 1, Fragm. du Vatican, § 324.) De cette incapacité il résultait que l'infâme ne pouvait pas devenir cessionnaire d'une créance, du temps où la cession ne se faisait qu'en nommant le cessionnaire *procurator* ou *cognitor;* mais cette impossibilité a dû cesser du moment où la cession a pu se faire au moyen des actions utiles. De l'incapacité d'être *procurator* ou *cognitor*, il résultait encore que l'infâme ne pouvait pas intenter une action populaire, attendu qu'on considérait celui qui intentait une telle action comme le *procurator* de l'État, au profit duquel la condamnation devait avoir lieu (L. 4, Dig. *De popul. act.*) Mais du moment qu'à l'intérêt de l'État était mêlé son propre intérêt, l'infâme pouvait agir (L. 7, Dig., même titre arg.) Le défendeur, actionné par l'infâme agissant au nom d'autrui pouvait le repousser au moyen d'une *procuratoria exceptio.* Cette exception n'existait plus du temps de Justinien. Cependant, même dans l'ancien droit, le juge pouvait s'opposer à ce que l'infâme plaidât pour autrui, quand même le défendeur y aurait consenti.

Avant Justinien, l'infâme ne pouvait pas non plus se faire représenter par un *procurator.* Cette incapacité fut abolie par Justinien (Instit., § 13, *De exceptionibus,*) innovation importante, car elle releva l'infâme de l'incapacité de céder une action.

Un autre effet de l'infâmie était encore la défense faite à un sénateur ou un homme libre de contracter mariage avec l'infâme. Cette incapacité ne fut admise que par une interprétation large de la loi *Julia,* qui défendait le mariage entre les sénateurs et les affranchies ou autres femmes de mauvaise condition. Le mariage n'était pas nul, mais il était dépourvu de tous les avantages que la loi *Julia* attachait aux mariages.

Doneau et d'autres jurisconsultes ont soutenu que l'infâme ne pouvait pas figurer comme témoin, soit en justice, soit dans les actes publics; mais les textes invoqués par

eux ne disent rien de pareil (L. 3, princ., Dig. *De test.*
Nov. xc.)

Enfin, on a soutenu que les frères et sœurs du *de cujus*
pouvaient intenter la *querela inofficiosi testamenti*, toutes
les fois que l'institué était un infâme. Cependant la constitution 27 du code de Justinien ne dit pas tout à fait la
même chose. D'après cette constitution, les frères et sœurs
peuvent intenter la querela, lorsque l'institution est faite
pour offenser les héritiers légitimes, et on y donne comme
exemple de personnes choisies dans ce but les infâmes, les
suspects, les affranchis, etc.

Ce qui caractérise l'infamie, c'est qu'une fois encourue
elle subsistait d'une manière perpétuelle, à la différence
de l'interdiction prononcée par les censeurs qui ne durait
pas au delà des fonctions de ceux qui l'avaient prononcée :

> ... Hominum immortalis est infamia,
> Etiam tum vivit cum esse credas mortuam
> Restituere in integrum. — Non indulgentia principis.
>
> (PLAUTUS, *In Persa*, III, 1.)

C'est pour éviter cette infamie après la mort qu'on in-
stituait des héritiers nécessaires. Les esclaves institués ne
pouvaient pas répudier l'hérédité du testateur, leur maître.
La vente des biens avait lieu alors, non pas sous le nom
du *de cujus*, mort insolvable, mais sous le nom de l'esclave
institué héritier qui encourait ainsi l'infamie. Il paraît que
les Romains tenaient beaucoup à ce que l'infamie ne fût
pas encourue par le défunt ; car l'affranchissement par le
testament était valable, quoique fait en fraude des créanciers, lorsque l'esclave ainsi affranchi était en même temps
institué héritier. L'infamie était encourue par l'esclave
héritier, lors même que le préteur lui accordait le béné-

fice d'abstention, par lequel il se défendait contre les poursuites des créanciers de la succession.

C'est encore cette infamie qui a fait admettre pour les débiteurs illustres la vente partielle de chacun de leurs biens; c'est là ce qu'on appelle la *bonorum distractio*. Cette *bonorum distractio*, créée d'abord pour protéger certaines personnes, devait remplacer l'ancienne *bonorum venditio* et rester comme le seul moyen d'exécution sur les biens. Nous y verrons l'origine de la saisie.

L'infamie résultant de la vente totale des biens fut aussi une des causes qui amenèrent l'institution de la cession de biens, véritable amélioration dans le sort du débiteur qui avait contracté avec une entière bonne foi.

Si parmi les biens vendus il y en avait quelques-uns qui fussent engagés, les créanciers hypothécaires conservaient-ils leur droit de suite sur ces biens? Pas de difficulté si les créanciers avaient pris part à la vente; il y avait là de leur part une renonciation tacite à leur droit. Si ces créanciers n'étaient pas présents à la vente, il paraît que dans les premiers temps ils conservaient leurs droits intacts. Mais plus tard on en vint à publier des affiches, à la suite desquelles les créanciers qui ne se présentaient pas étaient censés avoir renoncé à leurs droits (L. 6, C; *De remissione pignoris*).

Le *bonorum emptor* succédait *in universum jus* à tous les biens et à tous les droits du vendeur. Comme la *bonorum venditio* était une institution prétorienne, le *bonorum emptor* n'avait pas la propriété quiritaire; il était seulement *in bonis*, sauf la faculté de compléter son droit par l'usucapion. Cela nous explique pourquoi Gaïus, et après lui Justinien (qui veut seulement nous dire que de son temps cette distinction n'existait pas), rangent la *bono-*

rum vendilio parmi les acquisitions *in universum jus* du droit prétorien.

Le *bonorum emptor* pouvait exercer l'action rutilienne ou l'action fictice servienne. Il avait encore un interdit *possessorium*, à l'imitation de l'interdit *sectorium* qui protégeait l'acheteur des biens vendus sur le débiteur de la république. Le *bonorum emptor* s'engageait à payer aux créanciers, non par telle ou telle somme déterminée, mais tant pour cent sur le montant de leurs créances. Il succédait aux obligations du vendeur, et à cet effet on se servait contre lui des actions utiles.

On ne peut en finir avec la *bonorum venditio*, sans faire remarquer les ressemblances qui existent entre cette institution et celle de la faillite moderne. Ainsi, dès que l'envoi en possession était prononcé, le débiteur était dessaisi de tous ses biens, comme aujourd'hui le failli est dessaisi de ses biens par le jugement déclaratif de faillite. La nomination d'un ou de plusieurs curateurs ne diffère pas beaucoup de la nomination d'un ou plusieurs syndics pour l'administration des biens du failli. Enfin l'infamie présente encore une certaine analogie avec les déchéances encourues par le failli.

CHAPITRE IV

DE LA CESSION DE BIENS.

Il est juste que les créanciers aient le droit de s'attaquer aux biens du débiteur et de se faire payer sur ces biens ; il est encore juste que celui qui a emprunté de l'argent dans l'intention de ne pas payer encoure les rigueurs de la loi et subisse certaines peines corporelles. Mais quand une personne contracte avec la ferme intention de tenir ses engagements ; quand cette personne, après en avoir passé par les conditions à elle imposées par un préteur avide, devient la victime d'un malheur qui la met dans l'impossibilité de payer ses créanciers, que tout ce qu'elle a va lui être enlevé, ce serait une monstrueuse iniquité que de permettre encore à ces créanciers d'exercer sur elle des contraintes corporelles. Par quels moyens pouvait-on arriver à éviter cette injustice ? Tel est le grand problème que les Romains ont mis des siècles à résoudre. Ce n'est que du temps de César, après des luttes sanglantes, qu'on arriva à l'institution de la cession de biens. Gaïus (Com. III, § 78) nous dit que la cession de biens fut créée par une loi *Julia.* Ce qui rend vraisemblable l'assertion de Gaïus, c'est que le premier texte qui nous parle de la cession de biens, c'est la *Tabula Heracleensis* qui, selon toute probabilité, n'était qu'un exemplaire de la loi municipale de César.

La cession de biens est l'objet d'un titre au Digeste (XIII,

III). Justinien et Théodose lui consacrent encore chacun un titre de leurs Codes (C. J., VII., LXXI; C. Th., IV, XX). Bien loin d'approfondir ce sujet, nous n'en parlerons que pour faire voir les progrès de la législation romaine en notre matière.

La théorie de la cession de biens est fort simple. C'est le droit qu'a le débiteur d'abandonner tous ses biens aux mains de ses créanciers et de se soustraire ainsi à toute contrainte corporelle.

Les conditions de la cession de biens étaient les suivantes :

a. Le débiteur devait être de *bonne foi.* Cette condition en pure législation est très-équitable. La cession de biens est une protection de la loi ; or, comme telle, elle ne peut couvrir que ceux qui n'ont rien à se reprocher, c'est-à-dire, ceux qui, comme nous l'avons dit, ne sont empêchés de remplir leurs obligations que par un événement fortuit.

Mais comme nous nous trouvons dans une matière où l'on ne suit pas toujours ainsi les principes du droit naturel, nous devons fonder notre décision sur des arguments plus solides. Voici d'abord une décision donnée par le jurisconsulte Paul (L. 51, princ., *De re judicata*) : « *Si quis dolo fecerit, ut bona venirent, in solidum tenetur.* » Comme nous verrons plus tard, un des effets de la *bonorum cessio* c'était que, sur les biens nouvellement acquis, le débiteur n'était tenu que *quatenus facere poterat.* Or Paul nous dit que celui qui est coupable de dol doit être condamné *in integrum ;* donc, pour admettre la cession de biens, on exigeait que le débiteur fût de bonne foi. De même Ulpien nous dit (L. 63, § 7, Dig., *Pro socio*), que l'associé ne peut invoquer le bénéfice de compétence qu'autant qu'il est de bonne foi. Nous pouvons très-bien argumenter de ce texte *a pari* et donner la même décision pour celui qui fait cession de ses biens. Nous pouvons encore citer un troisième texte qui a trait à notre question : c'est une constitution des empereurs Gratien, Valentinien, et Théodose, formant la loi 1 (Code Théodosien) de notre titre. Les empereurs recommandent aux percepteurs d'agir avec rigueur contre les débiteurs du fisc ; de ne leur permettre aucune rétention de biens ni la cession des biens, à moins que le débiteur ne se trouve être la victime d'un événement malheureux, comme, par exemple, si son avoir a été dilapidé ou enlevé par des voleurs, ou s'il a été perdu dans un naufrage ou dans un incendie. Donc la cession de biens ne peut être invoquée, d'après cette constitution, que par celui qui se trouve insolvable sans être de mauvaise foi.

Pour l'opinion contraire on invoque d'autres textes qui ne sont pas sans valeur. D'abord on invoque des auteurs non juriconsultes, notamment Cicéron (II* Philippique, ch. XVII) qui nous dit que malgré la cession de biens le *decoctor* ne gardait pas intacte son *existimatio* ; cela est encore affirmé par deux novelles de Justinien. Dans la novelle IV, chap. III, il est dit expressément que la cession de biens entraîne nécessairement un préjudice moral ; et dans la novelle CXXXV, ayant égard à la bonne foi d'un certain Zossarius qui demandait la protection impériale, Justinien arrive à décider que, dorénavant, tout créancier auquel on ne pourrait rien reprocher serait à l'abri de toute déchéance morale. Justinien distingue ainsi les effets d'une cession faite par un débiteur de bonne foi, des effets d'une cession faite par un débiteur de mauvaise foi. Rien ne prouve donc mieux que la distinction moderne n'existait pas, chez les Romains, et que, tout débiteur pouvait faire la cession de biens. Dans ce système, voici de quelle manière on interprète la loi 25, § 7, D., (*Quæ in fraudem*, etc.). On suppose un débiteur qui a fait la cession de ses biens, on découvre que ce débiteur a voulu frauder ses créanciers en faisant certaines aliénations ; il était par conséquent de mauvaise foi. Notre texte, au lieu de déclarer la cession nulle (ce qu'il devrait faire s'il était vrai que la cession ne pouvait être faite que par un débiteur de bonne foi), dit au contraire que le débiteur sera actionné seulement dans le cas où les créanciers n'auront pu retrouver les biens aliénés. Donc, si les créanciers peuvent trouver ces biens, le débiteur ne sera plus inquiété et nous aurons encore une cession de biens valable, quoique faite par un débiteur de mauvaise foi.

Reprenons séparément chacun de ces arguments et discutons-les. L'autorité de Cicéron n'est pas bien grande en notre matière ; toutes les fois qu'il s'agit de formes à suivre, d'observation des mœurs, les discours du grand orateur nous sont d'une grande utilité ; mais toutes les fois qu'il s'agit de déterminer les effets juridiques de tel ou tel acte, son autorité devient moins puissante. Nous l'avons déjà vu répétant dans sa plaidoirie *Pro Quinctio* qu'il plaidait pour une affaire capitale, quand il s'agissait seulement d'éviter l'infamie à son client. Et puis, quelle est donc cette déchéance morale dont parle Cicéron ? Quels effets produit-elle ? Comment déterminerons-nous la position de celui qui l'encourt ? Est-ce l'infamie dont il veut parler ? Cela est impossible ! Voilà donc des difficultés qui auraient pu naître au sujet des effets de cette déchéance, si elle eût existé. Il ne s'agit certainement pas de l'infamie ; il ne peut y avoir de doute à cet égard en face du texte suivant, que je cite entre autres : « *Debitores qui bonis cesserint, licet ex ea causa bona eorum venierint, infames non fiunt*, (L. II, C. J. *Ex quibus causis infames non fiunt*). Ainsi, quant au premier argument, nous le repoussons comme loin d'être concluant.

Passons à l'argument le plus fort, celui qui est tiré des novelles IV et CXXXV ; car on nous objecte que dans notre systéme ces textes sont inintelligibles. Rien cependant n'est plus facile que de les expliquer. La cession de biens faisait incontestablement éviter l'infamie au débiteur ; mais les créanciers auxquels cette cession était faite n'acquéraient sur les biens d'autre droit que celui de les faire vendre et de se faire payer sur le prix ; la vente était toujours faite sous le nom du débiteur.

Or , chez les Romains comme chez les modernes, une vente à l'encan sur un débiteur insolvable est toujours entourée d'une publicité qui ne laisse pas intacte la réputation de ce débiteur. Voilà, suivant nous, ce dont veut parler Cicéron, et c'est contre cette déchéance, purement morale, que Justinien protége celui qui réclame son secours. Vu la bonne foi, la réputation dont Zossarius jouit dans le monde, Justinien lui permet, non pas de faire cession de biens, car il le peut déjà, mais d'abandonner ses biens, de manière qu'ils deviennent la propriété de ses créanciers comme par l'effet d'une sorte de *datio in solutum*. Le débiteur s'engage seulement, pour le cas où il arriverait à une meilleure situation, à acquitter complétement ses dettes. Justinien veut protéger ainsi certains débiteurs contre la vente de leurs biens qui aurait jeté une certaine défaveur sur ces débiteurs dans l'opinion publique. Mais en tirer argument pour dire que la distinction moderne entre les débiteurs de mauvaise foi et ceux de bonne foi n'a existé qu'à partir de Justinien, de sorte que les derniers seuls auraient pu éviter l'infamie, c'est, suivant nous, faire trop bon marché des textes si précis que nous venons de citer.

Nous ne pouvons pas non plus admettre l'explication donnée sur la loi 25, § 7, Dig., *Quæ in fraudem*, etc. Ce texte veut dire tout simplement que l'action Paulienne peut être intentée même contre le débiteur afin, comme nous le verrons, de le rendre de mauvaise foi et, par suite, incapable de profiter de la cession de biens. Nous ne pouvons pas admettre qu'une fois les biens rentrés dans le patrimoine du débiteur, l'action Paulienne dût cesser et qu'alors le débiteur, malgré sa mauvaise foi, pût faire la cession de biens; car il serait vraiment inadmissible que la mauvaise foi du tiers contractant avec le débiteur fût un événement heureux pour ce débiteur, en faisant rentrer les biens dans son patrimoine et rendant l'exercice de l'action Paulienne impossible contre lui. Que le tiers soit de bonne ou de mauvaise foi, du moment que le débiteur a voulu frauder ses créanciers, l'action Paulienne pourra l'atteindre et le priver des avantages qui s'attachent à la bonne foi. La distinction si juste, si rationnelle entre les débiteurs de bonne et de mauvaise foi a donc toujours existé chez les Romains, et la loi n'a voulu protéger que les débiteurs malheureux qui n'avaient contre eux qu'une inévitable fatalité.

b. Il fallait que le débiteur eût des biens. Les Romains prenaient tout à fait à la lettre l'expression *cession de biens;* ils ne pouvaient pas admettre une cession sans objet, c'est-à-dire sans qu'il y eût des biens cédés. Cette condition nous paraît peu logique et inique en même temps; car si nous supposons un débiteur qui perd la moitié, les trois quarts ou une plus grande partie de ses biens et devient insolvable à la suite de ce malheur, il pourra, en faisant cession du reste, éviter la prison et l'infamie. Si nous supposons, au contraire, un autre débiteur plus malheureux, qui par suite de quelque événement perd son patrimoine tout entier, comme il ne lui reste rien, il ne pourra pas faire la cession; il se verra ainsi traîné en prison et portant sur son front, pour toute sa vie, la tache ineffaçable de l'infamie. Et cependant plus le débiteur est malheureux, plus il devrait être protégé. Nous allons même plus loin, et nous disons que la cession devrait être admise, lors même qu'au moment de l'engagement, le débiteur n'aurait pas eu de biens. En effet, une personne peut, avec la meilleure intention du monde, emprunter de l'argent en comptant que les chances de l'avenir lui permettront de s'acquitter. Un tel a l'espérance que telle ou telle entreprise lui donnera de beaux résultats; un autre emprunte pour s'acheter des instruments de travail, dans l'intention de payer avec le produit de ce travail. Voilà qu'il arrive un événement imprévu, un désastre, une invasion, une maladie, etc.; pourquoi ce débiteur n'aurait-il pas droit à la même protection que celui qui avait des biens au moment où il contractait son engagement?

Mais cette condition présentait encore un autre inconvénient. Nous savons que le fils de famille ne pouvait, en règle générale, sauf le cas où il avait un pécule, posséder des biens à lui propres. Toute acquisition par lui faite profitait au père de famille; quand il devenait créancier, c'était encore le père qui en profitait. D'autre part, le fils de famille pouvait s'obliger civilement; les obligations qu'il contractait n'avaient aucun effet sur les biens de son père. Or voici ce qui arrivait : un fils de famille s'obligeait valablement, son père pouvait tirer un profit de cette obligation, mais un profit indirect, rendant impossible l'action *de in rem verso*. Ce fils ne pouvait pas tenir ses engagements; ne pouvant pas avoir de biens, il ne pouvait pas faire une cession. Le fils se voyait ainsi exposé aux rigueurs exercées par les créanciers, pour des engagements qui ne lui avaient pas profité! C'était là, comme nous le voyons, une grande iniquité! C'est pour y parer que Justinien, par une constitution (C. 7, C. J., notre titre), décide que le fils de famille pourra faire cession de biens quand même il n'aurait pas eu de biens lors de l'engagement. Ce que Justinien décida pour le fils de famille, nous aurions désiré le voir admettre pour tout débiteur et voir disparaître complétement cette seconde condition de la cession des biens.

c. La cession devait comprendre tous les biens du débiteur.

d. Elle devait être faite par des personnes capables. Les règles ordinaires de la capacité trouvaient ici leur application.

e. Dans les premiers temps, pour pouvoir faire la cession, on devait habiter l'Italie; mais, plus tard, ce bénéfice fut accordé même aux habitants des provinces.

f. La cession de biens ne pouvait être faite que quand il y avait une dette reconnue, soit en justice, soit extrajudiciairement, ou quand le débiteur avait subi une condamnation (L. 8, Dig., notre titre).

La cession pouvait être faite en justice ou hors la présence de la justice. Elle pouvait être faite par le débiteur lui-même, oralement ou par écrit, ou bien par toute autre personne en son nom (*per nuncium*, L. 9, Dig., notre titre).

Aucune formalité n'était exigée, la simple déclaration suffisait (L. 6, C. J., notre titre.)

Quant à ses effets, la cession ne faisait acquérir aux créanciers aucun droit de propriété sur les biens cédés. Les créanciers n'avaient que le droit de les faire vendre et de se faire payer sur le prix. La vente avait lieu toujours en bloc. Les créanciers se partageaient le prix proportionnellement au montant de leurs créances.

Par la cession de biens le débiteur évitait l'infamie ; nous l'avons déjà démontré.

Le débiteur échappait encore à la contrainte par corps.

Mais le débiteur n'était pas libéré; il pouvait encore être

poursuivi toutes les fois qu'il faisait de nouvelles acquisitions.

Enfin, sur ces nouvelles poursuites, la cession de biens
conférait encore au débiteur le *beneficium competentiæ*. Le
débiteur n'était condamné que dans les limites de ses
facultés (§ 40, Inst., *De actionibus*). Ce bénéfice devait
être invoqué sous forme d'exception. Quand le débiteur
invoquait ce bénéfice, il ne se trouvait pas libéré par là
même ; il prenait, au contraire, l'engagement de payer le
surplus de sa dette, afin qu'il ne pût pas, sur de nouvelles
poursuites de la part des créanciers, invoquer l'exception
rei in judicium deductæ (L. 6, § 4, Dig., *Pro Socio; L. 1,
§ 7, C. J., De rei uxoriæ act.*). Le bénéfice de compétence
était personnel au débiteur ; son héritier devait être condamné pour le tout (L. 25, Dig., *De re judic.*). Le fidéjusseur du débiteur était aussi tenu pour le tout, à moins qu'il
n'eût plaidé pour le débiteur et qu'il n'eût garanti seulement
l'exécution de la part du débiteur, cas auquel il pouvait
invoquer le bénéfice de compétence.

CHAPITRE V.

DE LA BONORUM DISTRACTIO.

Justinien nous dit (Inst., III; t. 12) que la *bonorum ven-ditio* fut abolie en même temps que le système formulaire, et il ajoute que c'était là une conséquence nécessaire de l'abrogation de ce système. Il est vraiment difficile de démontrer comment l'abolition du système formulaire a dû nécessairement entraîner celle de la *bonorum venditio*. Nous croyons que la disparition de la *bonorum venditio* a tenu aux grands inconvénients qu'elle offrait, ce qui est assez facile à établir. Inconvénient pour le créancier même, car pour arriver à se faire payer, il devait remplir une foule de formalités : réunion de tous les créanciers, envoi de la masse en possession des biens, nomination des administrateurs, publication, et puis vente. Inconvénient plus grand encore pour le débiteur qui, parce qu'il ne pouvait pas payer une dette minime, voyait vendre tous ses biens, et, comme nous l'avons vu, ne pouvait même pas profiter du restant du prix. Et puis la vente devait toujours produire un prix bien inférieur à la valeur réelle des biens. La difficulté est plus grande pour trouver des acheteurs d'un patrimoine tout entier que pour en trouver de tel ou tel objet en particulier.

Nous avons déjà parlé de la *bonorum distractio* qui avait lieu toutes les fois qu'il s'agissait d'un débiteur illustre, pour lui éviter l'infamie. C'est cette *bonorum distractio* qui fut étendue et remplaça la *bonorum venditio.*

Ici encore le créancier obtenait l'envoi en possession des biens du débiteur et poursuivait la vente, non pas de la totalité des biens, mais seulement d'une partie de ces biens, proportionnelle au montant de sa créance comparée aux autres créances.

Une constitution de Justinien (L. dernière, C. J., *De bonis auct. judicis*, etc.) fixe un délai de' deux ans pour les créanciers présents, de quatre ans pour les absents, dans lequel ils doivent se présenter pour obtenir l'envoi en possession ; si, dans ce délai, ils ne se présentent pas, ceux qui ont été déjà envoyés en possession pourront se faire payer sans tenir compte des autres, tout en s'engageant vis-à-vis du débiteur à prendre fait et cause pour lui dans l'éventualité de poursuites de la part des créanciers qui ne se sont pas présentés. Mais, comme ce délai était trop long, les créanciers qui avaient obtenu l'envoi en possession, pouvaient passer outre à la vente de chaque bien et le prix qui en provenait devait être déposé *in cimeliarchio sanctæ ecclesiæ civitatis*, en suivant certaines formalités destinées à prévenir les fraudes et les détournements. C'est là que cet argent devait rester, en attendant que les créanciers qui ne s'étaient pas présentés dès le commencement se présentassent dans les délais de deux ou quatre ans.

L'acheteur succède aux droits du débiteur sur la chose vendue et s'engage à payer, non plus tel ou tel dividende, mais une somme déterminée. Il n'y a plus là une *successio per universitatem*, il n'y a plus d'infamie encourue, le débiteur ne se trouve pas libéré de l'excédant de la somme due sur le prix produit par la vente.

Toutes les autres règles relatives au concours entre les créanciers, aux droits des créanciers hypothécaires, sont les mêmes ici que dans l'ancienne *bonorum venditio.*

Les créanciers avaient toujours le droit de contrainte par corps contre le débiteur. Depuis longtemps, il était défendu aux créanciers d'exercer des contraintes privées. Mais même avec cet adoucissement, il paraît que les prisons publiques étaient pleines de malheureux débiteurs. Une constitution de Justinien recommande aux *Episcopes* d'aller visiter ces malheureux, au moins deux fois par mois, et de veiller à l'amélioration de leur sort.

Des constitutions impériales accordent aux débiteurs le droit d'obtenir des sursis contre les poursuites des créanciers, en établissant qu'ils sont en état de payer dans le délai demandé. Ce délai ne pouvait jamais dépasser cinq ans. Le débiteur qui l'obtenait pouvait se défendre contre les poursuites des créanciers, au moyen d'une *præscriptio* ou d'une *exceptio moratoria* (l. 2--4 C. J. *De precibus Imperatori,* etc.).

Dans une de ses constitutions Justinien permet (l. 2. C. J. *Qui bon. ced. poss.*) aux créanciers de refuser la caution à eux offerte par le débiteur, en le laissant ainsi pour quelque temps à la tête de ses affaires. En cas de désaccord la majorité l'emporte. La majorité se calcule d'abord sur la majorité des créances; s'il est impossible de fixer cette majorité, on prend alors la majorité en nombre des créanciers. Ici aussi le délai accordé au débiteur ne pouvait pas dépasser cinq ans.

CHAPITRE VI

DE L'ACTION PAULIENNE,
OU DES MOYENS PAR LESQUELS LES CRÉANCIERS PEUVENT ATTA-
QUER LES ACTES PASSÉS PAR LE DÉBITEUR EN FRAUDE DE
LEURS DROITS.

(Dig. XLII, VIII. — Code J. VII, LXXV.)

Nous avons supposé jusqu'ici les créanciers seulement en présence de leur débiteur. Nous avons vu comment, avec le temps, les anciennes rigueurs furent adoucies. Mais le débiteur, pour échapper aux poursuites de ses créanciers, s'entendait avec un tiers et simulait avec ce tiers un acte, par lequel il lui faisait passer une partie ou même la totalité de ses biens, de manière que les créanciers ne pussent rien trouver dans son patrimoine. Il y avait là une fraude qu'on devait combattre. Il était de toute justice d'accorder aux créanciers les moyens de se défendre contre cette fraude, en leur permettant d'attaquer l'acte ainsi passé par le débiteur et de faire revenir les choses à leur premier état. Il est à remarquer que cette fraude ne pouvait pas avoir lieu dans l'ancien droit, à l'époque où la personne du débiteur répondait de ses engagements. Ce n'est que vers l'époque où les créanciers ne purent plus s'attaquer à la personne du débiteur, mais seulement à ses biens, que cette fraude commence à se commettre. C'est ce qui nous explique pourquoi les moyens accordés aux créanciers pour y remédier furent inventés si tard. Donner aux créanciers les moyens d'attaquer ces actes, telle est l'idée principale de l'institution dans l'étude de laquelle nous entrons. Ici, comme dans toutes les matières que nous venons de traiter, nous nous contenterons de tracer les principales règles, en cherchant à éviter le plus possible les détails d'application. En effet, l'action Paulienne, à elle seule, pourrait former le sujet d'une thèse.

§ 1. *Origine et nature de l'action Paulienne.*

En fait de moyens accordés aux créanciers pour attaquer les actes par lesquels le débiteur cherchait à diminuer son patrimoine, les sources nous indiquent les institutions suivantes :

a. D'après la loi *Ælia Sentia* (faite sous Auguste), les créanciers pouvaient attaquer les affranchissements faits par le débiteur dans le but de les frauder, en diminuant son patrimoine qui devait former leur gage.

b. Un interdit fraudatoire, au moyen duquel les créanciers se mettaient en possession des biens aliénés en fraude de leurs droits.

c. Une action *in factum*, et comme telle personnelle, par laquelle les créanciers attaquaient tout acte passé par le débiteur dans le but de les frauder.

d. Une action fictice réelle, par laquelle on faisait annuler toute aliénation faite par le débiteur en fraude de ses créanciers, action qui offrait à ces créanciers l'avantage d'exclure tous autres créanciers du tiers *fraudator*.

Tels sont, suivant nous, la marche et le but de ces quatre institutions. Mais ces propositions, loin d'être admises par tout le monde, ont donné lieu à plusieurs controverses que nous allons discuter.

Et d'abord, des auteurs d'une grande autorité ont attaqué

par des arguments très-puissants notre système, d'après lequel la loi *Ælia Sentia* a dû précéder l'établissement de l'action Paulienne. Suivant ces auteurs, contrairement à ce que nous soutenons, ce serait l'action Paulienne qui aurait précédé la loi *Ælia Sentia*. Le préteur, malgré le pouvoir qui lui était attribué de changer les règles du droit civil, n'était pas assez fort pour oser attaquer un affranchissement valable en droit civil. Au contraire, nous voyons le droit prétorien plus favorable que le droit civil en matière d'affranchissement ; c'eût été aller contre cette tendance que de venir déclarer nul un affranchissement valable. Du reste, la discussion est-elle possible en présence d'un texte de Cicéron qui rend évidente l'existence de l'action Paulienne de son temps, tandis que, comme nous le savons, la loi *Ælia Sentia* ne fut promulguée que plus tard, sous Auguste ? Voici ce que Cicéron écrit dans sa première lettre à Atticus : « *Cæcilius avunculus tuus, quum magna pecunia fraudaretur, agere cœpit cum ejus fratre Caninio Satrio de iis rebus quas cum dolo malo mancipio accepisse de Vario diceret.* Tous les caractères de l'action Paulienne que nous verrons plus loin se rencontrent dans ce passage. Cæcilius, qui a été fraudé par P. Varius, actionne Caninius Satrius, frère de P. Varius, en restitution des biens à lui aliénés en fraude des droits de Cæcilius, et les autres créanciers s'associent à lui pour intenter cette action. Ce qui confirme cette opinion que le Préteur ne pouvait pas attaquer les affranchissements, c'est que si on lit tous les textes relatifs à l'action Paulienne, on verra que pas un seul ne parle d'annuler les affranchissements. Si on nous objecte qu'il y a des exemples de cas où le droit prétorien attaquait un affranchissement, comme dans l'hypothèse d'une *bonorum possessio contra tabulas* dont l'effet était de rescinder les affranchissements faits par le testament, nous répondrons que, *suivant toute probabilité*, à cette époque la *bonorum possessio* était donnée *sine re*, et que, comme telle, elle ne pouvait pas annuler les affranchissements valables en droit civil.

Malgré tous ces arguments, nous persistons dans notre opinion, suivant laquelle l'action Paulienne a été créée postérieurement à la loi *Ælia Sentia*. D'abord la généralité des termes employés par l'Édit du Préteur, nous montre qu'on ne faisait aucune exception pour les affranchissements : « *Quæ in fraudem creditorum gesta sunt* » (L. 1. princip. n. t.). Si nous n'avons pas de textes appliquant l'action Paulienne aux affranchissements, cela tient à ce que, comme la loi *Ælia Sentia* existait déjà, toutes les difficultés soulevées par les affranchissements devaient trouver leur solution dans l'application de cette loi *Ælia Sentia*. Notons, en second lieu, qu'à l'argument tiré de ce que le préteur pouvait attaquer les affranchissements, on ne répond que par une simple conjecture. Mais ce qui nous détermine à adopter cette opinion, c'est qu'elle est conforme à la marche suivie par le droit prétorien dans ses développements. Nous voyons le Préteur s'inspirer toujours du droit civil. Le préteur n'innovait presque ja mais. Quand il voulait modifier la rigueur du droit civil, il ne l'attaquait pas en face, il cherchait plutôt à étendre une institution du droit civil et par cette extension il arrivait aux modifications qu'il avait en vue. Pour démontrer cela, nous prendrons un exemple dans notre sujet même. Comment le Préteur a-t-il adouci les rigueurs édictées par la loi des Douze Tables contre les débiteurs insolvables ? Est-ce en attaquant l'*addictio* ? Non. Frappé de la dureté du sort des débiteurs, il prend la *bonorum præscriptio*, exercée par le fisc contre ses débiteurs, l'étend, la généralise, et, en permettant à tout créancier de faire vendre les biens de son débiteur, il arrive à rendre l'*addictio* de plus en

plus rare et, dans les derniers temps, sans application. Il
nous est donc difficile d'admettre que, dans notre matière,
le Préteur ait suivi un autre marche. La loi *Ælia Sentia* ap-
portait des restrictions à la faculté d'affranchir; parmi ces
restrictions figurait la nullité de l'affranchissement fait en
fraude des créanciers. Le Préteur généralise la disposition
de la loi *Ælia Sentia* et déclare qu'il annulera *tout acte*
passé par le débiteur en fraude de ses créanciers. Quant
au passage de Cicéron, il ne nous embarrasse point. Nous
croyons qu'il ne s'agit pas là de l'action Paulienne, mais de
l'action de dol ; et ce petit fragment, loin de nous être contraire, peut parfaitement être invoqué par nous. Le créancier fraudé pouvait incontestablement agir *de dolo* contre
celui qui aurait voulu le frustrer ; mais l'action *de dolo*,
nous le savons, entraînait l'infamie, et c'est à cause de cette
infamie qu'on la refusait souvent, en cherchant à la remplacer par toute autre action. Eh bien ! suivant nous, Cicéron parle de l'action de dol ; et c'est précisément là ce qui
nous montre que l'action Paulienne ne pouvait pas exister
de son temps ; car si elle avait existé, ce n'aurait pas été
l'action *de dolo*, mais notre action Paulienne qui aurait dû
être employée.

Quelle était l'utilité de l'interdit fraudatoire en présence
de l'action *in factum ?* C'est encore là une question difficile qui a donné lieu à différents systèmes. Et d'abord de-
mandons-nous si les deux institutions ont coexisté ? On a
soutenu que l'interdit a dû précéder l'action. Ici, comme
en beaucoup d'autres matières, le Préteur, avant de poser
des règles générales, aurait commencé par donner des décisions particulières entre les plaideurs ; et ce ne serait qu'à
force de répéter ces décisions qu'il en serait venu à
donner une règle générale. Nous ne chercherons pas à
discuter cette opinion fondée par analogie sur ce qui a

eu lieu pour un grand nombre d'interdits; mais elle ne résout pas la difficulté; car, incontestablement, l'interdit et l'action ont toujours coexisté, et notre titre, après avoir cité dans la loi 1 *principium*, le texte de l'Édit, cite dans la loi 10 le texte de l'interdit. Entre autres systèmes, plus ou moins fondés, on a soutenu que l'interdit s'appliquait aux choses corporelles, tandis que l'action s'appliquait aux choses incorporelles. Cette explication tombe en face de la loi 96, Dig. *De solutionibus*, où nous voyons l'interdit s'appliquer justement à une chose incorporelle, à une créance. Nous préférons l'explication donnée par Cujas. Suivant le célèbre commentateur, il suffisait, pour pouvoir intenter l'interdit, de prouver que le *fraudator* avait la possession des objets aliénés; tandis que pour intenter l'action Paulienne on devait prouver que le débiteur en avait eu la propriété au moment où l'acte avait été passé : « *interdictum fraudatorium revocat possessionem, Pauliana actio revocat dominium.* »

Enfin, beaucoup d'auteurs se refusent à distinguer deux actions Pauliennes : l'une *in factum* personnelle, et l'autre fictice réelle. Suivant les uns, l'action Paulienne a toujours été une action réelle; la place qu'elle occupe dans les Institutes de Justinien ne laisserait aucun doute sur ce point. L'action Paulienne est traitée dans les Institutes au § 6 du titre *de actionibus* entre l'action rescisoire *in rem* et les actions Servienne et quasi-Servienne, toutes des actions prétoriennes réelles; et ce n'est que plus loin, dans le § 8, qu'il est parlé des actions prétoriennes personnelles.

D'autres ont soutenu le contraire : l'action Paulienne était une action personnelle; les nombreux textes du Digeste ne permettent pas d'en douter. Quant au passage des Institutes, Doneau n'y voit pas une application de l'action Paulienne, mais la mise en exercice du droit des créanciers qui ont obtenu un *pignus prætorium*. Même en repoussant cette explication, nous pouvons dire qu'ici, comme en bien d'autres matières, les rédacteurs des Institutes se sont trompés, en rangeant l'action Paulienne parmi les actions réelles.

En présence de ces divergences, nous nous prononçons pour le système suivant lequel on distingue ici deux actions. Au commencement on n'accordait qu'une action *in factum* contre le tiers qui avait traité avec le *fraudator*. Plus tard, comme cette action personnelle ne fut pas jugée suffisante, parce que ceux qui l'intentaient devaient subir le concours des autres créanciers personnels du tiers, on en vint à admettre l'action réelle, au moyen de laquelle l'aliénation était censée n'avoir jamais été faite. Voilà pourquoi le Digeste qui se compose des écrits des anciens jurisconsultes ne parle que de l'action personnelle, tandis que les Institutes parlent de l'action fictice réelle.

Tout ce que nous venons de dire nous aide à déterminer les caractères de notre action. L'action Paulienne, probablement appelée ainsi à cause du nom du préteur qui l'a inventée, était une action prétorienne, et par conséquent annale, au commencement personnelle *in factum*, plus tard fictice réelle, par laquelle les créanciers pouvaient attaquer tous les actes passés par leur débiteur en fraude de leurs droits. Elle était transmissible aux héritiers activement et passivement.

§ 9. — *Conditions de l'action Paulienne.*

La première condition exigée par l'Édit du Préteur pour qu'on pût intenter l'action Paulienne était la fraude de la part du débiteur (*Quæ fraudationis causa gesta erunt*). La fraude se compose de deux éléments : l'*eventus*, ou le fait matériel du préjudice, et l'*animus*, l'intention de frauder (L. 6, § 8, n. t.). Il en résulte que l'action Paulienne ne pouvait pas être intentée si, par l'acte qu'il avait passé, le débiteur ne s'était pas rendu insolvable ou n'avait pas augmenté son insolvabilité, quand même il aurait eu l'intention de le faire. Et, par contre, l'action Paulienne n'était pas admise non plus, quand même l'acte passé aurait produit un préjudice aux créanciers, si le débiteur, ignorant son état d'insolvabilité, n'avait pas eu l'intention de frauder ses créanciers.

L'action ne pouvait pas être intentée si le préjudice causé ne résultait pas de l'acte frauduleux. Ainsi Titius fait une donation à une époque où il était parfaitement solvable ; plus tard il tombe en faillite, les créanciers, même ceux dont les créances existaient au moment où la donation a été faite, ne pourront pas intenter l'action Paulienne (L. 10 § 1 n. t.) Il en est de même si Titius qui a passé l'acte étant solvable vient à mourir et que son héritier soit un insolvable ; l'acte ne pourra pas être attaqué. Et, à l'inverse, si Titius étant insolvable fait un acte par lequel il augmente son insolvabilité et qu'il ait pour héritier un homme solvable, il n'y aura pas lieu à l'action.

La fraude ne se présumant pas, c'est au créancier à la prouver. Cependant la loi 17 § 1, de notre titre au Dig., paraît dire le contraire. Le jurisconsulte Julien dans cette loi suppose une aliénation totale des biens du débiteur, et il décide que cette aliénation donnera lieu à l'action Paulienne, sans qu'on ait à prouver la fraude. Ce texte ne contrarie en rien notre règle ; il veut dire seulement que la preuve de la fraude résulte suffisamment du fait de l'aliénation totale des biens du débiteur.

L'acte, quoique frauduleux, ne pourra pas être attaqué si les créanciers avaient consenti à ce qu'il fût passé (L. 6 § 9, n. t.).

Lorsque l'acte passé par le débiteur était un acte à titre onéreux, on exigeait, outre l'intention frauduleuse du débiteur, la fraude du tiers avec lequel l'acte a été passé. Cette condition n'était pas nécessaire, si l'acte était à titre gratuit. En nous occupant des effets de l'action Paulienne nous verrons que, même dans ce cas, il était très-important de savoir si le donataire était de bonne ou de mauvaise foi.

Une autre condition exigée pour l'exercice de l'action Paulienne était que l'acte fait par le débiteur constituât un préjudice entraînant une diminution de son patrimoine. Les Romains distinguaient les actes par lesquels le débiteur augmentait son insolvabilité des actes par lesquels il manquait de s'enrichir. L'action Paulienne ne s'appliquait qu'aux premiers. En parlant des actes qu'on pouvait attaquer, nous développerons cette idée et nous ferons l'application de cette distinction.

L'action Paulienne ne pouvait être exercée qu'autant qu'elle était précédée de l'envoi en possession des biens du débiteur. C'était la masse des créanciers, représentée par le curateur qui exerçait l'action Paulienne. Cette condition, souvent oubliée par les commentateurs du Code civil, a donné lieu à des décisions erronées, résultant de l'application des règles du droit romain au droit français où cette condition n'est plus exigée.

Enfin, une dernière condition c'est que l'action Paulienne devait être intentée dans l'année. Nous discuterons en traitant de l'extinction de l'action Paulienne, le point de départ de cette année.

§ 3. *Des actes qu'on pouvait attaquer par l'action Paulienne.*

Nous avons vu déjà que l'action Paulienne ne s'appliquait pas aux actes par lesquels le débiteur augmentait son insolvabilité. Tout acte tendant à diminuer le patrimoine du débiteur était soumis à l'action Paulienne. Ainsi une aliénation faite à titre gratuit, ou même à titre onéreux, lorsque le prix de l'aliénation était trop minime. De même une *acceptilatio* ou un pacte *de non petendo* accordés par le débiteur ; de même la renonciation à un gage constitué pour garantir l'exécution d'une obligation au profit du débiteur (L. 2 et L. 18, Dig. h. t.). De même le débiteur contracte une obligation en fraude de ses créanciers ; ou bien, étant obligé et pouvant invoquer une exception, il se laisse condamner sans invoquer cette exception. On peut supposer encore que le débiteur appelé *in judicium* ne s'est pas présenté ; ou qu'il s'est laissé condamner ; ou qu'il laisse périr une instance. Ou bien, étant créancier, il introduit sa demande de manière à ne pas réussir, par exemple, en encourant volontairement une *plus petitio* (L. 4 et 5, Dig., h. t.). De même s'il a laissé périr par prescription un droit réel ou un droit de créance. De même pour l'abandon d'une chose dont il était propriétaire. Tous ces actes pouvaient être attaqués par l'action Paulienne.

Que dire d'un payement fait à un créancier? En principe ce payement était valable, par la raison que donne Ulpien, qu'il serait injuste de défendre au débiteur de payer, quand le Préteur pourrait le contraindre à faire ce payement (L. 3, § 1, Dig., h. t.). Mais pour que ce payement fût valable, il devait d'abord être effectué avant l'envoi en possession ; car la saisie avait pour effet de rendre égale la position de tous

les créanciers. — Il fallait encore, pour la validité du payement, que la dette fût échue ; sans quoi le créancier qui avait
reçu le payement devait rapporter la différence entre ce qu'il
avait reçu et ce qu'il devait recevoir au moment de l'échéance
(L. 10, § 12, L. 17, § 2 Dig., n. t.). On n'exigeait pas pour la
validité du payement la bonne foi du créancier qui l'avait
reçu ; ce créancier n'a fait que veiller à ses intérêts (*sibi
enim vigilavit*, L. 6, § 7 ; L. 10, § 16, Dig., n. t.) ; et il est
de principe que : *jus civile vigilantibus scriptum est* (L. 24,
Dig., n. t.). Le créancier pouvait encore être attaqué, lorsqu'au lieu d'un payement, il recevait un gage, garantissant
ce payement.

Cependant des auteurs ont assimilé le créancier qui a
reçu un payement de sa créance à un acquéreur à titre onéreux. De ce nombre est Cujas qui tire argument de la loi 96,
Dig. *de solutionibus*. On y voit un tuteur payant des deniers
de son pupille un créancier à lui personnel et on y décide que
si ce créancier a été de mauvaise foi, il sera tenu de restituer
au pupille ce qu'il a reçu. Mais on a déjà répondu que l'espèce
n'est plus la même ; que dans ce texte on suppose un débiteur qui paye, non pas de ses deniers, mais de ceux d'un
autre, tandis que dans notre hypothèse le débiteur paye de
ses propres deniers. On ne peut, non plus, invoquer la loi
24, n. t. : on y suppose un pupille dont le tuteur avait
payé avec les deniers provenant de la succession du père
du pupille, un des créanciers de cette succession. Après ce
payement le pupille s'abstient de la succession, et on décide
que le créancier payé devra tenir compte aux autres de ce qu'il
a reçu, à moins que les biens de la succession ne fussent dé-
péris, à la suite du retard apporté par les créanciers négli-
gents à demander le payement. Mais cette loi ne détruit pas
notre système, car la non-validité du payement tient à ce
que tout acte passé avant l'abstention doit tomber quand

cette abstention a lieu. Ces hypothèses ne sont donc pas les mêmes.

Quant à la *datio in solutum*, il est plus juste de l'assimiler à la constitution d'un gage qu'à un payement proprement dit.

Enfin, pour ce qui est du payement d'une dette naturelle, incontestablement il pourra être attaqué, car on ne peut ici donner la raison d'Ulpien, attendu que le créancier n'a aucun moyen de contraindre le débiteur au payement.

Les créanciers ne pouvaient pas attaquer les actes par lesquels le débiteur manquait de s'enrichir. Ainsi le débiteur a obtenu en sa faveur une promesse sous une condition, dont la réalisation dépend de sa volonté ; il n'accomplit pas la condition ; les créanciers ne peuvent pas s'en plaindre. De même s'il renonce à une donation ou à une succession. La renonciation à la succession ne peut être attaquée, même au cas où, avant de renoncer, l'héritier aurait émancipé son fils pour le faire profiter de sa renonciation, en lui faisant passer les biens de cette succession. On peut supposer aussi qu'un esclave étant institué héritier, son maître l'aliène avant qu'il ne fasse adition ; quoique par cette vente la suite de la succession échappe à leur débiteur, les créanciers ne pourront pas l'attaquer, à moins que la vente elle-même ne fût frauduleuse (§ 5, même loi). Nous déciderons de même au cas où le débiteur institué héritier, à la charge d'un fidéicommis au profit de quelqu'un, exécute le fidéicommis, sans retenir la quarte à lui accordée par la loi Falcidie (L. 10 Dig. h. t.). Même décision pour l'héritier institué qui exécute les legs à lui imposés, sans exercer son droit de réduction. Les créanciers ne peuvent pas non plus se plaindre de ce que leur débiteur refuse d'intenter la *querela inofficiosi testamenti,* pour faire tomber une institution faite à son préjudice.

§ 4. *Par qui et contre qui l'action Paulienne pouvait-elle être intentée?*

L'action Paulienne était intentée par le curateur nommé pour l'administration des biens du débiteur. Cependant si le curateur ne l'exerçoit pas, ou s'il n'avait pas été nommé de curateur, chaque créancier pouvait l'exercer et cela profitait aux autres. Un créancier, dont la créance n'existait pas au moment où l'acte avait été passé, ne pouvait intenter l'action Paulienne, à moins que son argent n'eût servi à payer une dette existant à cette époque (L. 10, § 1, L 15, et L. 16 Dig. n. t.). Il s'opérait dans ce dernier cas une sorte de subrogation, et ce qui est très-remarquable, cette subrogation avait lieu sans qu'elle fût demandée. Les créanciers dont les créances n'existaient pas au moment où l'acte avait été passé profitaient de l'action intentée par les autres. Cela tient à ce que par l'action Paulienne on faisait rentrer les biens aliénés dans la masse possédée par tous les créanciers existant au moment où l'action était intentée. Nous avons démontré, en traitant de la *bonorum venditio,* qu'il n'y avait là aucune acquisition faite par l'intermédiaire d'une personne libre.

On a encore agité la question de savoir si les créanciers hypothécaires pouvaient intenter l'action Paulienne. Pour soutenir la négative on s'est fondé sur ce que le créancier hypothécaire a, pour attaquer une aliénation faite par le débiteur, l'action quasi-servienne ou hypothécaire, ce qui rend inutile le recours à l'action Paulienne. En second lieu, l'Édit du Préteur fait de l'envoi en possession des biens une condition nécessaire à la validité de l'action Paulienne ; or nous savons que les créanciers hypothécaires peuvent poursuivre la vente des biens donnés en gage, sans qu'il y ait besoin de cet envoi préalable. On a encore tiré argument de la loi 13 § 10 de notre titre, où l'on accorde l'action Paulienne contre la constitution d'un gage *in vetus creditum*. Or si nous supposons un créancier hypothécaire, il n'a pas besoin de l'action Paulienne pour attaquer une constitution de gage qui ne lui nuit pas ; la simple action hypothécaire lui suffit. Donc les créanciers hypothécaires sont en dehors de la règle commune.

Cependant nous admettons l'opinion contraire qui est universellement adoptée aujourd'hui. Très-souvent le créancier hypothécaire pourra avoir intérêt à intenter l'action Paulienne. Si, par exemple, il lui est difficile d'établir son gage, ou en supposant le bien engagé, mais il ne suffit pas pour payer sa dette. Du reste l'Édit du Préteur ne fait pas la moindre distinction ; sans doute il parle de l'envoi en possession, mais, nous avons déjà dit, un créancier peut très-bien posséder pour les autres. Si les textes ne supposent que des créanciers chirographaires, c'est que probablement le cas contraire se présentait fort rarement, attendu que le plus souvent le bien engagé suffisait pour assurer le payement de la dette.

L'action Paulienne est donnée contre le tiers avec lequel l'acte fraudatoire a été passé. Il faut distinguer ici entre les actes à titre onéreux et les actes à titre gratuit. Pour les actes à titre onéreux, le tiers ne pouvait être actionné que s'il était de mauvaise foi.

Si celui qui a contracté avec le débiteur était un esclave ou un fils de famille, contre qui l'action Paulienne sera-t-elle intentée ? Est-ce contre le père ou contre le maître ? Pas de difficulté si le père ou le maître a eu connaissance de l'acte, il y aura alors à distinguer s'il a été de bonne ou de mauvaise foi. Mais si le père ou le maître n'a pas eu connaissance de l'acte, il ne pourra être actionné que *de peculio* ou *de in rem verso* (L. 6, § 12, n. t.).

J'ai donné procuration à une personne de passer un acte avec le débiteur. Si l'acte est à titre onéreux, je ne serai tenu, qu'autant que j'aurai eu connaissance de l'insolvabilité du débiteur; si je l'ignorais, je ne serai pas tenu, quand même le *procurator* aurait été de mauvaise foi. Dans ce dernier cas, le *procurator* seul pourra être actionné (L. 25, § 5, n. t.).

Si l'acte a été passé avec le tuteur d'un pupille ou avec le curateur d'un *furiosus*, ce tuteur ou ce curateur sera tenu, s'il a été de mauvaise foi; mais le pupille ou le *furiosus* ne sera tenu que jusqu'à concurrence de son enrichissement, *quatenus locupletior factus est* (l. 10, § 5, n. t.).

Le débiteur qui a voulu frauder ses créanciers meurt en laissant un héritier, et ce sont les biens de cet héritier qui sont vendus; l'action Paulienne ne sera plus accordée aux créanciers du défunt (l. 10, § 0, n. t.), à moins qu'ils n'aient demandé la séparation des patrimoines (même loi 10, § 11).

La loi 6 § 10, de notre titre décide que l'action Paulienne pourra être intentée contre un pupille quand même, l'acte passé avec lui étant à titre onéreux, ce pupille aurait été de bonne foi (*omni modo*). Ce texte a donné lieu à beaucoup de controverses. Les auteurs ont proposé de lui faire subir diverses modifications; nous les repoussons toutes. La décision donnée s'explique par cette considération que, si on avait appliqué les principes généraux, le sort des créanciers aurait dépendu du simple caprice du tuteur. En effet le pupille qui traite *sine tutoris auctoritate* ne contracte pas valablement à titre onéreux, et son tuteur peut, suivant qu'il confirme ou non l'acte fait par le pupille, rendre cet acte valable ou nul, par conséquent permettre aux créanciers d'intenter l'action paulienne ou les mettre dans l'impossibilité d'exercer cette action. On n'a pas voulu remettre ainsi entre les mains du tuteur le sort des créanciers, et c'est pour cela qu'on permet à ceux-ci d'exercer l'action Paulienne dans tous les cas, *omni modo*. Ajoutons que si l'on avait exigé que le pupille eût contracté de mauvaise foi pour admettre l'action des créanciers, on les eût placés dans une bien mauvaise situation : car, vu l'ignorance et la légèreté du pupille, il arrivera rarement qu'il ait été de mauvaise foi.

Si l'acte passé avec le tiers était un acte à titre gratuit, ce tiers était tenu de l'action paulienne, qu'il fût de bonne ou de mauvaise foi.

Il est souvent difficile de déterminer si un acte est à titre gratuit ou à titre onéreux. Ainsi la constitution d'une dot forme-t-elle un acte à titre gratuit ou un acte à titre onéreux ? Quand la dot est constituée par un père à sa fille, une nouvelle difficulté naissait de ce que la fille avait en droit romain une action contre son père pour le contraindre à la doter. Des jurisconsultes décident ou du moins paraissent décider que, même à l'égard de la fille, la constitution de dot a le caractère d'un acte à titre onéreux, attendu que celui qui remplit une obligation ne peut être considéré comme faisant une donation. Mais cette opinion ne pouvait prévaloir; car l'obligation pour le père de doter sa fille n'existait que tout autant que ce père possédait quelque chose. Et puis incontestablement la fille fait une acquisition à titre gratuit : car elle ne donne rien en échange de ce qu'elle reçoit. Quant au mari, les jurisconsultes Romains paraissent d'accord pour le considérer comme faisant une acquisition à titre onéreux (loi 25, § 1, h. t.). Observons, u ce qui concerne le mari que s'il était de mauvaise foi, il s'exposait d'abord à l'action Paulienne de la part des créanciers du père, et qu'en outre il était toujours tenu envers sa femme de la restitution de la dot.

L'action Paulienne sera-t-elle donnée contre un sous-acquéreur? Pas de difficulté si ce sous-acquéreur a été de bonne foi et que l'acte fraudatoire soit à titre onéreux. Incontestablement ici l'action Paulienne ne pourra pas être accordée, et elle se distingue en cela des autres actions réelles. Mais que décider si ce sous-acquéreur a été de mauvaise foi? Ici une distinction est nécessaire entre le cas où le premier acquéreur, celui qui a contracté avec le débiteur, était tenu de l'action, et le cas où il n'en était pas tenu. Dans le premier cas seulement, l'action Paulienne pourra être intentée contre le sous-acquéreur; car sans cela ce serait le premier acquéreur de bonne foi qui supporterait les conséquences de l'action; attendu que le sous-acquéreur, même de mauvaise foi, aurait toujours un recours contre lui s'il était évincé.

L'action Paulienne sera donnée contre le tiers contractant, quand même ce tiers n'aurait eu l'intention de frauder qu'un seul créancier qui n'existerait plus. Il suffit pour que l'action soit accordée qu'il existe encore au moment où elle est intentée un des créanciers dont les créances étaient nées au moment de l'acte fraudatoire.

Voici encore une décision remarquable du jurisconsulte Venelejus. Un débiteur a lui-même un débiteur qui, pour garantir l'exécution de son obligation, a donné un fidéjusseur. Pour frauder ses créanciers, le premier débiteur déclare au fidéjusseur de son débiteur qu'il a reçu la somme due par celui-ci, lui fait *acceptilatio*. Le fidéjusseur ainsi libéré sera-t-il tenu de l'action Paulienne, s'il est de bonne foi? Le jurisconsulte répond qu'il n'en sera pas tenu; car il courrait le risque de n'être pas indemnisé par le débiteur qu'il a garanti. Ce fidéjusseur *certat de damno vitando*, et non pas *de lucro captendo;* car sa libération lui a enlevé tout recours en garantie contre le principal obligé (L. 25, n. t.).

L'action Paulienne pouvait encore être donnée contre le débiteur lui-même. Cela faisait difficulté dans les premiers temps. Le jurisconsulte Mella refusait l'action contre le débiteur, par le motif qu'une fois le débiteur dépossédé de ses biens, il ne pouvait plus faire aucun acte et qu'il serait dès lors injuste de l'exposer à une pareille action. Cependant l'action a été admise contre le débiteur, et cela, comme dit le jurisconsulte Venuleius, non pas en vue du profit que les créanciers pourraient en tirer, profit nul dans notre espèce, mais seulement dans le but de constituer le débiteur de mauvaise foi et incapable, comme tel, de profiter de la cession de biens, pour échapper à l'ignominie et à la contrainte par corps (L. 27, n. t.).

Voici encore une décision à noter : Un père constitue un pécule à son fils ; le fils passe des actes en fraude des créanciers de son père. L'action Paulienne sera donnée à ces créanciers tant contre le père que contre le fils (L. 12, n. t.).

§ 5. *Effets et durée de l'action Paulienne.*

Le principe qui doit nous guider ici, c'est que par l'action Paulienne, on ramène les choses au même état que si aucun acte n'avait été passé par le débiteur, *in pristinum statum.* Toutes les décisions des jurisconsultes sur ce point ne sont que des applications de ce principe. Ainsi si l'acte consistait dans la création d'une obligation au profit d'un tiers, l'action Paulienne a pour effet de rendre nulle, à l'égard des créanciers, cette obligation. S'il s'agit d'une constitution de gage, l'action Paulienne a pour effet de libérer la chose donnée en gage. Si l'acte fraudatoire a consisté dans une *acceptilatio* ou un *pacte de non petendo* fait à un débiteur du débiteur, l'action Paulienne une fois exercée, la somme remise sera considérée comme toujours due et les intérêts seront censés n'avoir jamais cessé de courir (L. 10, § 22, n. t.).

Nous avons vu que si l'acte était à titre gratuit le tiers serait tenu, qu'il fût de bonne ou de mauvaise foi. Cependant, même dans cette hypothèse, il importe de distinguer entre le tiers de bonne et de mauvaise foi. Le donataire de bonne foi ne sera tenu que jusqu'à concurrence de l'enrichissement qu'il a tiré de l'acte, tandis que s'il est de mauvaise foi, il sera tenu de tout le préjudice occasionné par l'acte aux créanciers.

Si l'acte consistait dans une aliénation, on devait restituer la chose aliénée avec tous ses accessoires (*in omni causa*). Quant aux fruits, nous savons en principe que l'acquéreur de mauvaise foi est tenu non-seulement de ceux qu'il a perçus, mais même de ceux qu'il aurait dû percevoir. Si le possesseur était de bonne foi, les fruits n'étaient dus qu'à partir de la *litis contestatio*. Paul (L. 38, § 4, Dig., *De usuris*) et Ulpien (L. 10, § 20, Dig., n. t.) appliquaient purement et simplement ces principes à l'action Paulienne ; Marcien aussi (L. 2, Dig., *Si quid in fraudem patroni*) les appliquait à l'action Favienne, pour les actes passés en fraude du patron. Venuletus (L. 0, Dig., n. t.) était d'un avis contraire. Il ne donnait pas aux créanciers les fruits perçus entre l'aliénation et la *litis contestatio*, attendu, disait-il, que ces fruits n'ont jamais fait partie du patrimoine du débiteur. Proculus était de la même opinion ; mais il accordait les fruits perçus au moment de l'aliénation (L. 25, §§ 4 et 0, n. t.). Malgré les explications proposées pour concilier ces textes, nous croyons que sur ce point les jurisconsultes romains étaient en dissidence. Le système de Paul et d'Ulpien est, du reste, le seul conforme aux principes.

Quant aux réparations, on appliquait ici les principes généraux.

Que décider au sujet du prix donné par l'acheteur? Si l'argent provenant de ce prix se trouvait encore dans le patrimoine du débiteur, les créanciers devaient en tenir compte à l'acheteur; car ils ne pouvaient s'enrichir injustement aux dépens d'autrui (L. 8, n. t.). Mais si l'argent n'était plus dans le patrimoine du débiteur, s'il était dissipé, la perte était pour l'acheteur; il devait s'en prendre à lui-même de ce qu'il avait consenti à se rendre complice d'une fraude (L. 7, n. t.). Il avait, du reste, son recours contre le débiteur.

Si l'acheteur avait aliéné la chose à un tiers de bonne foi, il était tenu envers les créanciers de la restitution du prix, et devait en outre leur céder toutes les actions qu'il avait contre ce tiers. Il en était de même si, étant de mauvaise foi, il avait donné mandat d'acheter la chose à un tiers de bonne foi; il devait céder son action *mandati* contre ce tiers (L. 14, n. t.).

L'action Paulienne étant une action prétorienne devait être annale. L'année commençait à courir, non pas du jour où l'acte avait été passé, mais du jour de l'envoi en possession; car c'était de ce jour seulement que l'insolvabilité du débiteur, condition nécessaire de l'existence de l'action Paulienne, pouvait être constatée. L'année était une année utile.

L'action Paulienne s'éteignait encore si les créanciers avaient consenti à ce que l'acte fût passé.

Même après l'écoulement de l'année utile, les créanciers pouvaient agir. Mais ils n'obtenaient pas réparation du préjudice à eux causé par l'acte attaqué ; ils n'avaient droit qu'à l'enrichissement procuré par l'acte à celui qui avait traité avec le débiteur.

DROIT FRANÇAIS.

DES EFFETS DU JUGEMENT DÉCLARATIF DE FAILLITE.

RÉSUMÉ HISTORIQUE.

§ 1. *De la législation antérieure à l'ordonnance de 1673.*

Chez les anciens, la position du débiteur commerçant ne différait pas de celle de tout autre débiteur. La distinction entre l'insolvabilité civile et l'insolvabilité commerciale était inconnue chez les Grecs et chez les Romains. Ces peuples, se livrant à un commerce considérable, avaient des règles particulières sur différentes matières commerciales, mais ils ne connaissaient qu'un seul *decoctor*, et les anciennes rigueurs, successivement atténuées, s'appliquaient aux débiteurs commerçants comme aux débiteurs non commerçants.

Les nations barbares du moyen âge avaient des lois sévères contre les débiteurs, et n'en connaissait également qu'une seule classe. Nous trouvons chez elles le droit pour le créancier de vendre son débiteur. Nous y trouvons encore l'*obstagium* ou le *hastagium*, le droit accordé aux créanciers de se partager le cadavre du débiteur commun (Du Cange, *Obnoxiatio Hastagium*). Les créanciers pouvaient, enfin, retenir enfermés chez eux le débiteur, *mais à la condition de l'entretenir en bon chrétien* (Assises des Bourgeois 1. 74).

La grande distinction moderne ne commence à se faire jour qu'en Italie, vers la fin du xve et au commencement du xvie siècle. Toutes les villes de l'Italie devaient leur prospérité à peu près exclusivement au commerce. Elles ont dû créer des lois pour assurer la bonne foi et consolider le crédit, conditions essentielles de la sécurité du commerce.

Nous y trouvons, en germe, presque toutes les règles modernes en faillite. Stracha (*De decoctoribus*) nous dit que dans la constitution de la ville de Florence, il était établi que le débiteur, qui ne payait pas ses créanciers dans un certain délai, pouvait être déclaré avoir cessé ses payements. On annulait les actes passés entre le débiteur et ses créanciers, tels que le payement d'une dette non échue, ou la constitution d'un gage en garantie d'une dette de ce genre (Scaccia § 2, Gloss. n° 5, 445 ;) de même on annulait tous les actes passés après la faillite devenue notoire.

Il existait dans le droit de la ville de Rome des règles concernant l'inventaire, l'examen des livres et des comptes, la vérification de l'actif et du passif, la publicité de la faillite, de l'affirmation des créances (Stracha L. c. VII 1·14-45; III;25.) Le débiteur pouvait obtenir un sauf-conduit, qui lui était donné, soit par tous les créanciers, soit par les syndics, soit par le Souverain Pontife. (Grég. de Magalottis, *De severitate et salvo conducto.*) On y trouve encore l'institution du concordat.

Les statuts de Gênes, imprimés en 1498 et revisés en 1588, contiennent de nombreuses dispositions sur la faillite et sur les actes frauduleux passés par le failli.

Dans les décisions de la Rote de Gênes (*De mercatura et rebus pertinentibus ad eam*), nous trouvons des règles sur la déclaration de faillite : elle avait lieu à la suite d'une demande faite, soit par le failli lui-même, soit par un créancier autre que les parents et la femme du failli ; ce créancier devait produire trois témoins pour attester que le débiteur avait pris la fuite, laissant plus de 1,000 francs de dettes. La déclaration du juge devait être précédée de publications consistant dans des affiches. Durant trois jours, tout créancier qui justifiait avoir des créances quatre fois plus fortes que celle du poursuivant, et qui n'était pas le parent ou la femme du failli pouvait contredire cette déclaration. On annulait les aliénations faites par le failli, moins de quinze jours avant la cessation des payements, qui remontait au jour de la disparution de ce débiteur. Enfin on nommait des syndics. Si le débiteur avait fait lui-même la demande, il restait emprisonné chez lui ; dans le cas contraire, il ne pouvait obtenir un concordat, il était emprisonné, et s'il avait commis des fraudes, il pouvait encourir la peine de mort. Pour le concordat, il fallait l'adhésion d'abord des trois cinquièmes, plus tard des sept huitièmes des créanciers, en tenant compte seulement du montant de leurs créances. Toute obligation cessait pour le débiteur lorsqu'il avait exécuté le concordat. Lorsque le concordat ne pouvait pas se former, les créanciers pouvaient se partager les biens du failli ; mais ils ne pouvaient le faire qu'au moins huit jours après le jugement, et ce délai pouvait être augmenté.

U

On punissait de peines sévères celui qui recélait la personne ou les biens du failli, à moins que ce ne fût sa femme ou son parent; on punissait de même les créanciers qui se faisaient acheter leur vote au concordat. Enfin des dispositions particulières garantissaient le remboursement de la dot de la femme.

Dans toutes les villes, il était prononcé contre le failli des peines, dont la plus douce était l'interdiction de faire encore le commerce (Stracha, IV, 0 et 12; VI, 5, 0, 13; VII, 25). Le plus souvent on assimilait le failli au *fraudator*, quoique beaucoup d'auteurs proposassent de distinguer entre le débiteur malheureux qui cessait ses payements étant de bonne foi et le failli de mauvaise foi.

En France, ces diverses règles ne furent introduites que plus tard et peu à peu, l'une après l'autre. Cela commence avec les règlements des xiii° et xiv° siècles, accordant aux villes de Brie et de Champagne des priviléges consistant en ce que les questions relatives aux foires de ces villes furent jugées par des juges locaux. Ce fut là l'origine de la formation des usages commerciaux.

Avant l'ordonnance de 1672, comme le fait très-bien observer M. Renouard, il y avait en France des lois prononçant des peines contre les faillis et y portant des adoucissements, plutôt que des lois garantissant la conservation des biens du failli, gage commun des créanciers. Différentes ordonnances furent publiées ayant trait aux peines portées contre les banqueroutiers, à la contrainte par corps, à la cession de biens, aux répits et aux surséances, et aux lettres d'État.

Nous pouvons citer parmi les lois édictant des peines contre les faillis, l'ordonnance de François I" promulguée à Lyon, le 10 octobre 1536, d'après laquelle « les banque- « routiers seront exposés au carcan et au pilori ou autre-

« ment, à l'arbitrage du juge. Ils seront enfermés jusqu'au
« payement complet des dettes, amendes, et autres dom-
« mages-intérêts. »

L'ordonnance de Charles-Quint, du 7 octobre 1531,
punit de la peine du vol les banqueroutiers et leurs complices.

L'édit du 4 octobre 1548 ordonnait que les banqueroutiers
fussent pendus.

L'ordonnance de Charles IX de 1560 (art. 143) punit de
mort les banqueroutiers frauduleux. Elle punit encore de
la peine de la confiscation le prêt de marchandises appelé
perte à finance, consistant dans la revente de la même
marchandise à plusieurs personnes (art. 142).

L'ordonnance de Blois de Henri III (1597) maintient
toutes ces peines. Par mandement du 25 juin 1582, ce
prince évoque toutes les affaires de banqueroute surve-
nues depuis vingt ans, et les confie à une commission de
trois conseillers au parlement de Paris.

L'édit de Henri IV de mai 1609 constate d'abord les
graves abus commis par les banqueroutiers. Il déclare
complice du failli tout cessionnaire, donataire ou acquéreur frauduleux des biens de celui-ci, et de même tous ceux
qui se font passer frauduleusement pour créanciers. Celui
des créanciers qui passerait avec le failli une convention
au détriment des autres serait déchu de sa créance.

Enfin le Code Michaud (15 janvier 1629), dans son article 153, punit extraordinairement les faillis frauduleux.

On trouve dans les anciennes décisions judiciaires des
exemples d'application de ces lois sévères. Ainsi le parlement de Rouen, par un arrêt du 5 décembre 1602, condamne un courtier et son gendre à être pendus, après
avoir été mis à la torture en portant écrit sur leurs têtes le

mot de *banqueroutiers*. Leurs biens devaient être en même temps confisqués.

La contrainte par corps était le droit pour le créancier de faire arrêter son débiteur et de le faire mettre en prison jusqu'à l'entier payement de sa dette. Nous la trouvons dans l'ordonnance de 1560; elle est réglementée par l'ordonnance de Moulins de 1566. D'après l'art. 48 de cette ordonnance, celui qui avait obtenu une condamnation pécuniaire avait le choix, lorsque la condamnation acquérait force de chose jugée, quatre mois après la signification du jugement, ou de contraindre par corps la personne condamnée, ou de faire prononcer contre elle une nouvelle condamnation au double ou au triple, pour peine de sa résistance à satisfaire au jugement (Pothier, *Traité de la procédure civile*, n° 689).

Cela fut abrogé par l'ordonnance de 1667, ou ordonnance sur la procédure civile. Cette ordonnance soumet l'exercice de la contrainte par corps à peu près aux mêmes conditions que notre Code civil et notre Code de procédure civile. La contrainte par corps, après avoir subi des modifications par les lois de 1832 et 1848, a été effacée de notre législation par la loi de 1867, avec laquelle disparaît tout moyen de contrainte sur la personne du débiteur. C'est là le dernier coup porté au droit rigoureux du créancier, le dernier adoucissement apporté au sort du débiteur.

Notons ici le droit qui existait dans certaines villes de tenir enfermé et de ne pas laisser sortir de la ville le débiteur qui avait contracté des dettes dans cette ville. Cette règle n'était du reste pas spéciale aux débiteurs commerçants. Elle fut abrogée par l'édit de 1786. Il ne faut pas confondre le droit de ces villes avec le droit des villes d'*arrêt*, dont les habitants avaient, en vertu de leurs coutumes, le privilège de pouvoir arrêter les effets de leurs débiteurs. (Voy.

Jousse, Comment. de l'ordonn. de 1673, sur l'art. 8.)

À cette époque déjà, on connaissait la *cession de biens*, au moyen de laquelle le débiteur de bonne foi pouvait se soustraire à la contrainte par corps, en faisant abandon de tous ses biens. On suivait en général en cette matière les règles des derniers temps de la jurisprudence romaine. Le débiteur qui obtenait ce bénéfice encourait une certaine ignominie. Ainsi l'ordonnance de Louis XII, promulguée à Lyon en 1510, disposait, dans son article 70, que le débiteur qui demandait le bénéfice de la cession de biens devait se présenter devant les juges tête nue et dépouillé de sa ceinture. Nous voyons dans Étienne Pasquier (*les Recherches de la France*, IV, ch. 10) que le débiteur devait, suivant quelques coutumes, remplir certaines formalités ridicules, et il cite à cette occasion l'arrêt du Grand conseil rendu le 25 mai 1453, contre Jacques-Cœur. Pothier et d'autres auteurs nous parlent d'un bonnet vert que le débiteur devait porter; mais Pothier déclare que de son temps cet usage n'existait plus (*Introduction au titre des exécutions*, n° 125; *Traité de la procédure civile*, n° 712). Le débiteur était en outre exclu des fonctions publiques.

La coutume d'Orléans (art. 448) refusait le bénéfice de cession pour les dettes qui formaient le prix de marchandises achetées dans un marché public, telles que bétail, vin, blé et autres grains; de même pour les sommes dues par les acheteurs de poisson d'eau douce ou de mer. L'article 430 de la même coutume étend cette exception à tous les acheteurs de biens meubles ou immeubles vendus à l'encan. « La raison de ce droit, suivant Pothier, est tirée de « la foi publique, des marchés publics et de l'encan; et on « peut dire que ces ventes, se faisant à la charge de payer « comptant, c'est, de la part de l'acheteur, violer la foi

« publique, et commettre une espèce de dol, que d'acheter
« sans avoir son argent prêt. »

La cession des biens a été définitivement réglementée
par l'ordonnance de 1673.

Les lettres de répit ou de surséance étaient des lettres
expédiées en grande chancellerie, par lesquelles le roi accordait à un débiteur un sursis contre les poursuites de ses
créanciers.

Ces lettres, au commencement, pouvaient être accordées
par le juge, mais depuis l'Ordonnance et la Déclaration de
1669, le roi seul pouvait les octroyer. Le juge ne pouvait
plus accorder au débiteur condamné qu'un délai qui ne
pouvait dépasser trois mois. Par *les lettres de répit*, tout
était arrêté ; non-seulement on ne pouvait pas exécuter la
sentence, mais toute la procédure était suspendue, quand
même elle ne fût pas arrivée au jugement. On accordait au
débiteur six mois pour faire entériner ces lettres ; après
quoi le procès pouvait être continué ; on pouvait saisir les
meubles et les immeubles du débiteur, sans qu'il fût permis de les vendre dans les délais accordés par les lettres,
délais, qui ne pouvaient dépasser cinq ans. Durant ce temps-
là, on laissait au débiteur la liberté de sa personne et les
meubles servant à son usage personnel.

Le débiteur qui obtenait de pareilles lettres encourait
certaines incapacités ; il ne pouvait occuper certaines fonctions. Ces incapacités ne cessaient pour lui que quand il
obtenait des *lettres de réhabilitation*, lettres qui ne lui
étaient accordées que contre la justification du payement
intégral de ses dettes, en capital et intérêts.

Il y avait des cas où le roi accordait des *lettres d'État*
à ses officiers. Voici, suivant Pothier, en quoi les *lettres
d'État* différaient des *lettres de répit* : « 1° Les lettres
« d'État s'accordent pour le temps de six mois qui court

« du jour de leur date (ordonn de 1669, tit. V., art. 3;
« déclaration de 1702, art. 8). 2° Les lettres d'État ne sont
« pas soumises à l'entérinement, et ceux qui veulent les
« débattre d'obreption ou de subreption doivent se pour-
« voir par devers le roi (art. 4). 3° Les lettres d'État
« ont un effet plus étendu; car elles renferment une sur-
« séance, non-seulement aux contraintes de créanciers,
« mais aussi à toutes procédures pour les procès indécis
« qu'a l'impétrant : elles empêchent que les créanciers ne
« puissent, depuis qu'elles leur ont été signifiées, saisir les
« meubles de l'impétrant; il leur est seulement permis
« de saisir réellement ses immeubles, et de faire enregis-
« trer la saisie réelle, mais sans pouvoir procéder au bail
« judiciaire. Si le bail judiciaire avait été fait avant la
« signification des lettres, il tient; et même s'il expirait
« pendant le délai des lettres, on peut procéder à un nou-
« veau; et on peut aussi continuer les criées commencées,
« jusqu'au congé d'adjuger exclusivement (ordonn. de
« 1669, tit. V., art. 5; déclaration de 1702, art. 12).
« 4° Ces lettres n'emportent aucune note; au lieu que les
« lettres de répit emportent une note qui, de même que
« la cession de biens, exclut l'impétrant des fonctions
« publiques (ordonn. de 1673, tit. 0, art. 5). 5° Enfin un
« officier peut, en contractant, renoncer à la faculté d'ob-
« tenir des lettres d'État (déclarat. de 1702, art. 9), au lieu
« qu'on ne peut, en contractant, renoncer à la faculté d'a-
« voir recours aux lettres de répit, de même qu'au bénéfice
« de cession. » (Ordonn. de 1669, tit. 0; art. 12);
(Pothier *Introduc. au titre des exécutions*, § 11 *des répits*,
n° 135.) »

Comme nous venons de le voir, il n'y a jusqu'ici rien de
spécial aux commerçants. La première disposition législative relative à la matière de la faillite est le règlement pour
la place de change de Lyon, approuvé par arrêt du conseil

le 7 juillet 1667. Les créanciers appartenant à cette place avaient certains priviléges. D'après l'art. 12 de ce règlement, les cessions faites dans les dix jours qui précédaient la notoriété de la faillite étaient nulles : « Ne seront pas « compris en cet article les virements des parties, faits en « bilan. » — (Art. 13). « S'il arrive qu'un mandataire « de diverses lettres de change acceptées, aucun créancier « de l'acceptant, ne reçoive qu'une partie de la somme « totale et fasse dans le temps dû le protêt du surplus, la « compensation légitime de sa dette étant faite, il sera obligé « de répartir le restant à tous ceux qui lui auront fait les- « dites remises, au sol la livre, et en proportion de la « somme dont un chacun des remettants sera créancier. » « — (Art. 16). « Les faillis ne peuvent pas entrer en la « loge du change, ni écrire et viser partie, si ce n'est « après avoir entièrement payé leurs dettes. » — (Art. 18.) « Les commerçants qui ne tiennent pas de livres seront « punis comme banqueroutiers frauduleux. »

§ 2. — *De la législation qui a régi la France depuis l'ordonnance de 1673 jusqu'au Code de commerce de 1808.*

Le *Code des marchands* de mai 1673, aussi appelé du nom d'un de ses rédacteurs, le *Code Pussart* a été, en France, le premier monument législatif contenant des règles générales, applicables au pays tout entier, sur la matière de la faillite. L'ordonnance de 1673, malgré la collaboration du célèbre Savary, quoiqu'elle se distingue par de sages dispositions comme toutes les grandes ordonnances dues au grand Colbert, quoiqu'elle ait été copiée en grande partie par le Code de 1808, présente il faut bien le dire, beaucoup de lacunes en notre matière. Toute la matière de la faillite y est traitée en treize articles, contenant pour la plupart des dispositions pénales. L'ordonnance était donc tout à fait insuffisante pour prévenir tous les abus. Elle fut commentée par Boutaric et par Jousse. Nous allons en examiner les dispositions en suivant l'ordre des articles.

Dans l'article 1er du titre XI, l'ordonnance fixe l'époque de l'ouverture de la faillite au jour où le débiteur se sera retiré, « ou que le scellé aura esté apposé sur ses biens. » Rien de moins clair que la fixation de cette époque, si importante cependant. L'article paraît faire dépendre la déclaration de la faillite de la simple volonté du débiteur. Une fameuse controverse s'était élevée sur ce point dans l'ancienne jurisprudence ; Merlin s'en occupe longuement.

Les articles 2 et 3 obligent le failli à présenter aux créanciers un état de sa position accompagné « *de ses livres et registres, cotés et paraphés.* » Il doit réunir tous ses créanciers. Voici la conduite que Jousse conseille au failli de tenir dans ces réunions : « Il (le failli) aura attention de « ne pas se trouver dans l'assemblée sans être accompagné « de quelque parent ou ami ; et d'y paraître avec une con-« tenance modeste et humble telle qu'elle convient à sa « situation : il est même plus convenable que ce soit la « personne qui est avec lui qui porte la parole, si ce n'est « lorsqu'il sera interrogé lui-même par quelque créancier. « Il doit aussi supporter avec patience et sans réplique les « mauvais discours, et même les injures qui pourraient lui « être faites, ou du moins y répondre avec douceur, et seu-« lement autant qu'il le croira nécessaire pour sa justifi-« cation » (Jousse, Comment, sur l'ordonn. de 1673, l.-4°.)

L'art. 4 déclare « nuls tous transports-cessions, ventes « et donations de biens meubles ou immeubles, faits en « fraude des créanciers. Voulons, continue l'article, qu'ils « soient rapportés à la masse commune des effets. » Cet article contient-il une règle spéciale à la matière de la faillite, ou n'est-il qu'une application des principes généraux sur l'action paulienne, en vertu de laquelle les créanciers peuvent attaquer tous les actes frauduleux passés par leur débiteur ? Évidemment notre article a voulu s'en rapporter à l'ancienne ordonnance de mai 1609 qui punissait comme banqueroutiers frauduleux tous ceux avec lesquels les actes énumérés avaient été passés. Nous verrons bientôt, en parlant de l'ordonnance de 1702, les difficultés auxquelles cette disposition a donné naissance.

Les articles 5-7 s'occupent du concordat, quoique cette expression n'y figure pas. La majorité nécessaire pour prendre une décision obligatoire pour tous les créanciers est des trois quarts non pas du nombre des créanciers, *mais du chiffre des créances.*

Les articles 8 et 9 donnent des règles relatives à la distribution entre les créanciers de l'actif du failli, et aux formes de la vente des biens faite par ceux des créanciers nommés à cet effet.

L'article 1er déclare banqueroutiers frauduleux « ceux « qui auront diverti leurs effets, supposé des créanciers, « ou déclaré plus qu'il n'était dû aux véritables créan- « ciers ». Et l'article suivant ajoute : « Les négociants et « les marchands, tant en gros qu'en détail, et les ban- « quiers qui, lors de la faillite, ne représentent pas leurs « registres et leurs journaux signez et paraphez comme « nous avons ordonné ci-dessus, pourront être réputés ban- « queroutiers frauduleux. »

D'après l'article 13, « les banqueroutiers frauduleux devaient être poursuivis extraordinairement et punis de mort. » On entendait par *poursuites extraordinaires* les poursuites criminelles.

Cette pénalité, malgré sa rigueur, a été souvent appliquée, même depuis l'ordonnance de 1673.

Ainsi l'on voit le Châtelet de Paris condamner à mort par contumace, le 12 septembre 1682, le banquier Louis Durand. Elle a été surtout prononcée contre les dépositaires de deniers publics, comme les receveurs, notaires, etc. Ainsi l'on cite l'arrêt du 30 janvier 1682 rendu contre Boyer, dépositaire des fonds des marchands de bœufs de Sceaux, sur la sollicitation de Colbert lui-même, arrêt qui condamnait Boyer à être pendu, et fut exécuté le lendemain même. Le Châtelet de Paris, le 24 février 1704, condamne par contumace un certain André-Guillaume Deshayes à être pendu, après avoir fait amende honorable « avec écriteaux devant et « derrière portant les mots : *notaire banqueroutier frau-* « *duleux*. » Cependant on reconnaissait que cette peine de mort était trop rigoureuse, et bien souvent les juges l'ont adoucie. Merlin (*Répert.* v° *Faillites et banqueroutes*, sect. 1, § 14) cite à cette occasion un grand nombre d'arrêts prononçant des peines moins sévères. Parmi ces arrêts figure le jugement souverain, rendu aux requêtes de l'hôtel, le 2 mai 1600, par les commissaires du conseil, contre Guillaume Pingré, et le condamnant « à faire amende honorable « à genoux, tête et pieds nus, en chemise, la corde au « cou, et un écriteau où sera mis *banqueroutier fraudu-* « *leux*, tenant en main une torche ardente du poids de « deux livres, dire et déclarer devant les grands degrés du « palais que, de guet-apens et par malice, il a fait ladite « banqueroute et diverti ses effets, dont il crie merci à « Dieu, au roi et à justice ; puis de là être conduit en cet « état par l'exécuteur de la haute justice, le long de la rue « Saint-Denis, dans la place des Halles, auquel lieu il fera « pareille amende honorable, et trois tours dans le pilori ; « ce fait, être mené aux galères, pour y servir le roi à perpé- « tuité comme forçat. » Ses biens sont en outre confisqués. Un autre arrêt rendu contre l'abbé Mauroy, curé de Versailles, le condamnait comme banqueroutier frauduleux aux galères pour neuf ans.

Enfin, dans son article 13, l'ordonnance de 1673 s'occupe

de complices des banqueroutiers. « Ceux qui auront aidé
ou favorisé la banqueroute frauduleuse, en divertissant les
effets, acceptant des transports, ventes ou donations simu-
lées, et qu'ils sçauront estre en fraude des créanciers, en se
déclarant créanciers ne l'estant pas, ou pour plus grande
somme que celle qui leur estoit deue, seront condamnez
en quinze cens livres d'amende et au double de ce qu'ils
auront diverti ou trop demandé, au profit des créanciers. »
Cet article ne resta pas non plus sans application. Par arrêt
du 30 mai 1673, Jean Hervé, procureur au Châtelet de
Paris, fut condamné comme complice du banquier le Me-
nier, à la même peine que celui-ci, c'est-à-dire à la peine
du pilori et des galères. On considérait aussi comme complice celui qui avait voulu favoriser l'évasion du failli banqueroutier. Cela fut jugé ainsi le 26 janvier 1702, par arrêt
condamnant au bannissement un complice de Fabre Ché-
rubin.

Comme nous l'avons fait observer, consacrer seulement
treize articles à toute la matière de la faillite, ce n'est pas
répondre aux besoins du commerce qui était déjà florissant
à l'époque de l'ordonnance. On a bientôt senti la nécessité
de nouvelles dispositions législatives qui, si elles n'ont pas
réussi à trancher toutes les difficultés, les ont au moins
beaucoup aplanies.

Ainsi, pour suivre un ordre chronologique, l'ordonnance
du Châtelet de Paris permet au débiteur de se déclarer en
faillite, sauf le droit de ceux qui voudraient le poursuivre
en banqueroute frauduleuse. Ainsi s'ajoute aux deux cas
prévus par l'article 1 de l'ordonnance de 1673 un troisième
cas où la faillite pouvait être déclarée.

Une des questions les plus agitées dans l'ancienne jurisprudence, était celle de savoir quels étaient exactement les
caractères distinctifs de la faillite. Les auteurs et les arrêts

rendus à ce sujet se contredisent. Merlin traite la question tout au long, et il insiste pour établir, contrairement à ce que dit Jousse dans son commentaire de l'article 1 de l'ordonnance de 1673, « que, dans l'exactitude des principes, il n'y a jamais de faillite *sans un abandon du débiteur*, soit de fait, soit par déclaration : de fait, lorsqu'il se retire, ou lorsqu'étant présent, il laisse apposer les scellés sur ses biens; par déclaration, lorsqu'il fait cession de biens, qu'il dépose son bilan, etc. » (*Op. cit.* sect. 1 § 1.) Merlin invoque à l'appui de son opinion différentes décisions judiciaires et l'autorité des Denisart et Savary. Nous verrons que cette controverse de l'ancien droit a laissé des traces jusque dans certaines décisions judiciaires modernes, qui admettent qu'une faillite existe indépendamment d'un jugement déclaratif.

La déclaration du roi, du 18 novembre 1702, est ainsi conçue : « Voulons que toutes cessions et transports sur les
« biens des marchands qui font faillite soient nuls et de nulle
« valeur, s'ils ne sont faits dix jours au moins avant la
« faillite publiquement connue; comme aussi que les actes et
« obligations qu'ils passeront devant notaires au profit de
« quelques-uns de leurs créanciers, ou pour contracter de
« nouvelles dettes, ensemble les sentences qui seront rendues
« contre eux, n'acquièrent aucune hypothèque ni préférence
« sur les créanciers chirographaires, si lesdits actes et obli-
« gations ne sont passés, et si lesdites sentences ne sont ren-
« dues pareillement dix jours au moins avant la faillite pu-
« bliquement connue. » Cette déclaration, qui avait pour but de développer l'article 4 de l'ordonnance de 1673, a donné lieu à plus d'une difficulté.

On s'est demandé d'abord si les payements faits même à la veille de la faillite, mais reçus de bonne foi, devaient être déclarés nuls. Jousse les croit valables, et il invoque à

l'appui de son opinion l'autorité de Toubeau, de Savary et
du Règlement de la ville de Lyon. Pour le payement fait
dans un temps proche de la faillite de dettes non encore
échues, il était annulé. Les cessions ou transports de dettes
actives, ou toutes autres dations en payement faites par le
failli près de sa faillite, c'est-à-dire, d'après Jousse, dans les
dix jours qui la précèdent, sont présumées faites en fraude
des créanciers, et comme telles déclarées nulles.

Quant aux autres actes, Jousse les déclare valables, s'ils
ont été passés de bonne foi et, en suivant la doctrine de
Savary, il répute de bonne foi : « 1° toutes ventes d'im-
« meubles et effets mobiliers, dont le prix a été payé par l'a-
« cheteur en argent comptant ou autres effets équipollents.
« surtout lorsque la date de ces actes se trouve constatée par
« quelque acte authentique; 2° toutes lettres de change et
« billets fournis, soient qu'ils soit payés à l'ordre ou au
« porteur, dont les ordres ont été passés, et en général toutes
« cessions et transports des dettes actives dues au cédant,
« tant par obligations, promesses, qu'autrement, dont la va-
« leur a été payée en argent comptant, ou en autres effets
« équivalents par ceux au profit desquels les lettres de change
« ont été fournies et les ordres passés, ou auxquels les ces-
« sions et transports ont été faits; 3° toutes marchandises.
« vaisselle d'argent et autres effets donnés en gage ou nan-
« tissement pour argent prêté, ou pour lettres de change et
« billets fournis à ceux qui ont donné ces effets en gage, quand
« il y en a un acte passé devant notaires. » Mais si, dans un
des trois cas énumérés ci-dessus, le tiers contractant avait
eu connaissance de l'état d'insolvabilité, Jousse déclare ces
actes nuls aux termes de la Déclaration de 1702 ; « et il ne
reste plus aux acquéreurs et cessionnaires qu'une action
pour se faire rendre l'argent et autres effets qu'ils peuvent
avoir donnés pour acquérir ces cessions, transports et en-

gagements ; pour raison de quoi ils deviennent dans la classe des créanciers ordinaires, sans privilége particulier, lorsque les effets par eux donnés ne sont plus en nature. » (Comment. de l'ordonn. de 1673, tit XI, art. 4.) Cette opinion n'était pas universellement admise en pratique et l'on cite à ce propos, un arrêt du 14 août 1760, déclarant valable une vente passée sept jours avant la faillite, sans examiner si l'acheteur qui, du reste, n'avait aucune intention frauduleuse, connaissait ou non l'état du vendeur.

La déclaration du 10 juillet 1715 fait dépendre les poursuites criminelles de la décision donnée par la majorité des créanciers, en tenant compte seulement du montant de leurs créances.

La déclaration du 11 janvier 1716 contient des règles sur l'affirmation des créances, sans laquelle aucun créancier ne pourrait prendre part aux opérations de la faillite.

L'arrêt du Conseil du 24 septembre 1724, article 21, dispose que « les agents de change seront tous de la religion catholique, apostolique et romaine, et Français ou regnicoles au moins naturalisés, ayant atteint l'âge de vingt-cinq ans accomplis, et d'une réputation sans tache ; ceux qui auront obtenu des lettres de répit, fait faillite ou contrat d'atermoiement ne pourront être agents de change. »

La déclaration du 13 septembre 1739 contient des règles sur la vérification des créances, vérification imposée aux créanciers sous peine d'être déchus de leurs créances, aux débiteurs sous peine de se voir poursuivis extraordinairement comme banqueroutiers frauduleux.

L'arrêt du Conseil du 21 avril 1788 défend aux faillis l'entrée à la Bourse, tant qu'ils ne payent pas la totalité de leurs dettes et qu'ils ne sont pas réhabilités.

Enfin l'édit de 1788, déjà cité, supprime le privilége des villes d'arrêt.

§ 3. *Code de commerce de 1808.*

Une des principales matières dont s'est préoccupé le législateur de 1808, c'est incontestablement la matière de la faillite. Depuis très-longtemps on sentait la nécessité d'une loi plus complète, qui rendît la fraude moins facile, et qui fît cesser l'état exceptionnel de faillite en moins de temps et avec moins de frais.

On cite une faillite qui a coûté 500,000 livres en frais, et une autre qui s'est terminée par une transaction après une procédure d'un siècle et demi. Il y avait une foule de questions à régler, un grand nombre de difficultés à trancher. La faillite était l'objet du livre III du Code de commerce depuis l'article 437 jusqu'à l'article 615. Nous ne pouvons ici donner une explication complète de ces articles, voir quelles étaient les idées des rédacteurs en ces matières, comment ils ont concilié les intérêts du crédit et les nécessités de la pratique avec les principes de l'équité; examiner encore s'ils ont donné satisfaction aux exigences du temps où ils vivaient. Nous nous contenterons de citer quelques fragments extraits du rapport présenté au Corps législatif, le 3 septembre 1807, par l'un des principaux rédacteurs du Code de commerce. Disons auparavant que le Code a été un véritable progrès, et que, si les rédacteurs n'ont pas pu mettre fin à toutes les difficultés, ils les ont du moins rendues moins nombreuses. Nous nous réservons de revenir sur les points qui touchent à notre sujet.

Le rapport dont nous avons parlé commence par constater l'état de désordre dans lequel le commerce se trouvait en France à cette époque, au point de vue du crédit.

Il attribue cet état à différentes causes, plus ou moins réelles, parmi lesquelles ils n'oublie pas de mentionner l'imperfection de la législation antérieure, qui était bien loin de répondre aux exigences du commerce qui faisait tous les jours de nouveaux progrès. Il y est parlé d'une première innovation, consistant dans la création de la banqueroute simple, état qui tient le milieu entre la banqueroute frauduleuse et la simple faillite. Nous avons vu quelles peines frappaient les banqueroutiers, comment la pratique cherchait à adoucir ces peines, même en faveur des banqueroutiers frauduleux ; le plus souvent le juge se voyait obligé de déclarer non coupables des faillis qui n'étaient pas à l'abri de tout reproche. De là la division tripartite faite par les articles 437 et 438, C. Com., entre les cas de simple faillite, de banqueroute simple, et de banqueroute frauduleuse. Dans la première catégorie, on a fait entrer tous les faillis qui ne doivent leur situation qu'à de malheureux événements, qui, dans toutes leurs opérations, ont agi avec prudence et modération, sans se jeter dans des entreprises hasardeuses ; enfin qui n'ont jamais manqué de tenir une comptabilité régulière. On considère au contraire comme banqueroutiers simples les faillis qui ont entrepris des opérations un peu hasardées ; ceux qui, dans leur conduite, ont à se reprocher une certaine négligence qui a entraîné la faillite, ceux enfin dont les livres n'étaient pas tenus avec une régularité parfaite ; tout cela en supposant que leur bonne foi est intacte et qu'on ne peut leur imputer aucune intention frauduleuse. Enfin on déclare banqueroutiers frauduleux ceux qui ont cherché à soustraire frauduleusement leur patrimoine aux poursuites de leurs créanciers par des actes de diverses natures. Voici comment le rapport justifie cette innovation : « Très-souvent, dit-il, la faillite est un naufrage dont on ne peut accuser que le sort : le commerce a ses orages comme l'Océan ; les événements du monde, les mouvements de la politique, la

7

guerre, la paix, la disette, l'abondance même, apportent des changements imprévus, donnent des commotions subites au commerce, et trompent ses combinaisons les plus sages ; souvent enfin un négociant, trompé par sa confiance, et accablé à la fois par plusieurs banqueroutes qu'il éprouve, est contraint lui-même à manquer à des engagements qu'il se croyait certain de pouvoir tenir. — Il existe un délit, puisqu'il y a eu violation d'engagements et de propriétés. Celui qui a commis ce délit, peut y avoir été conduit par le malheur, par l'inconduite, et par la mauvaise foi. — Si c'est par le malheur, il doit être protégé ; si c'est par inconduite, il doit subir une correction ; si c'est par fraude, il doit être livré à toute la sévérité de la justice criminelle. — Le malheur doit être démontré par le failli ; l'inconduite, prouvée par les créanciers ou la partie publique ; la fraude, poursuivie par l'autorité. »

Une autre innovation importante de la loi de 1808, c'est le dessaisissement de plein droit pour le failli de l'administration de ses biens, du jour du jugement déclaratif. Rien de plus utile que d'enlever au failli l'administration de ses biens. La faillite a pu arriver à la suite d'une mauvaise administration ; permettre la continuation de cette administration serait empirer l'état des biens. Combien de fraudes ne préviendra-t-on pas par cette mesure. Le failli qui, avant d'être déclaré en faillite, aurait tenté ou commis une fraude, ne serait-il pas à plus forte raison disposé à en commettre d'autres après la déclaration de faillite ? Et celui qui, dans l'espérance de voir ses affaires s'améliorer, se serait abstenu de commettre aucune fraude, ne serait-il pas tenté de le faire lorsque les choses en seraient venues à cette situation extrême ? Ce sont là de bonnes raisons pour admettre le dessaisissement. Notons que si ce dessaisissement n'existait pas dans l'ancien droit, il n'est pas néan-

moins une innovation du législateur de 1808. Rappelons-
nous qu'il existait dans le droit romain, et que la vente des
biens ne pouvait avoir lieu, ni l'action Paulienne être exercée avant que les créanciers n'eussent été envoyés en possession des biens du débiteur.

Pour l'administration des biens, il fut d'abord créé des
agents provisoires chargés des premières opérations tendant à la conservation des biens, comme l'apposition des
scellés, la confection du bilan, etc.; les agents provisoires
étaient choisis par le tribunal; leurs fonctions ne devaient
pas durer plus de quinze jours (art. 450-461); les quinze jours
passés, les créanciers présentaient une liste tripartite sur
laquelle le tribunal devait choisir les syndics provisoires;
ces syndics provisoires étaient chargés de veiller à la levée
des scellés, à la confection de l'inventaire, aux actes conservatoires. Ils prenaient une part active à la vérification
des créances. Si le concordat ne pouvait être obtenu, alors
on était en état d'union; on nommait les syndics définitifs
chargés de la vente des biens et de la distribution du prix
entre les créanciers; les syndics étaient nommés par les
créanciers (527 C. com.).

Toutes les opérations de la faillite étaient surveillées par
un juge-commissaire, pris parmi les membres du tribunal
de commerce.

Il y avait des règles sur le concordat, sur la vérification des créances, des règles spéciales à la revendication des marchandises, des restrictions à l'hypothèque de
la femme mariée.

Enfin, voici à quels résultats le législateur de 1808
voulait arriver, et par quelles idées il était dominé : « Nous
croyons que les utiles résultats de la loi seront : — 1° d'offrir aux créanciers une garantie solide, une protection active et une surveillance vigilante ; une certitude, ou de
terminer leurs affaires par un juste concordat, ou d'obtenir

une prompte liquidation ; — 2° de réprimer le luxe scandaleux et l'imprudence des spéculations hasardées par la crainte du nom de banqueroutier, et des peines correctionnelles appliquées à la banqueroute d'inconduite ; — 3° d'assurer le châtiment de la mauvaise foi, et de l'effrayer par d'utiles exemples ; — 4° enfin d'offrir à tout négociant honnête et malheureux les moyens de se retirer de la position incertaine et cruelle où l'ancienne législation le laissait, et de conserver au moins son honneur en perdant sa fortune ; car les rigueurs mêmes de la loi offrent une garantie certaine pour la probité ; et tout négociant que des circonstances forcées auront réduit à la nécessité de ne pas remplir ses engagements, ne sera plus confondu avec l'imprudent qui a joué l'argent de ses créanciers, ou le fripon qui l'a volé. »

Le législateur de 1808 a-t-il atteint le but qu'il s'était proposé ? Jusqu'à quel point a-t-il réussi à rendre la loi conforme aux grands principes de la faillite, parmi lesquels les plus importants sont : l'égalité entre tous les créanciers qui ont suivi la foi de leur débiteur, ne demandant aucune autre garantie ; la protection pour tous les créanciers contre tout acte du failli tendant à rompre cette égalité, ou à soustraire une partie de son patrimoine aux poursuites de ses créanciers ; enfin la faculté de sortir de l'état exceptionnel de faillite, au moyen d'une procédure plus simple, moins longue et moins coûteuse ? Malgré plus d'une innovation utile due à la loi de 1808, la pratique l'a condamnée, et peu de temps après, on a commencé à sentir la nécessité d'une réforme. Des réclamations ne tardèrent pas à s'élever contre le Code de 1808 ; on demandait la détermination précise de l'époque de la faillite ; on demandait la solution d'une foule de difficultés soulevées par le système des nullités dont nous aurons à nous occuper ; on demandait que le crédit fût autrement assuré ; on s'insur-

geait contre les lenteurs de la procédure. Toutes ces réclamations ont dû amener une réforme. En 1833, on commence la confection d'une nouvelle loi, qui n'est terminée
qu'en 1838.

Toute la matière de la faillite a été refondue par la loi
de 1838; beaucoup d'améliorations y ont été introduites.
Cette loi satisfait-elle complétement tous les intérêts, ré-
pond-elle à toutes les exigences de la pratique? est-elle
conforme aux idées nouvelles? Ce sont des questions qu'on
discute tous les jours. Beaucoup de systèmes sont proposés;
et aujourd'hui encore, on réclame contre telle ou telle
disposition de la loi. Si la loi de 1838 n'est pas une loi
complète, elle constitue au moins un grand progrès; une
loi ne peut être parfaite; le législateur ne peut prévoir
toutes les difficultés; il ne peut arriver à les trancher toutes;
tout ce qu'il peut faire, c'est de consulter la pratique, de
profiter des critiques des commentateurs, et en suivant
pas à pas la marche progressive du commerce, de s'effor-
cer de l'aider à augmenter sa prospérité. Ce n'est pas sans
raison qu'on se préoccupe sérieusement de la loi des faillites. Si la loi ne fait pas seule la prospérité ou la ruine du
commerce d'un pays, il n'en est pas moins vrai qu'elle doit
avoir une grande influence, et qu'une loi mauvaise et
injuste pourrait, en tuant le crédit, compromettre énormé-
ment l'avenir du commerce; ce n'est donc pas sans raison
que les législateurs modernes de tous les pays se préoc-
cupent d'introduire des améliorations dans la loi sur la
faillite. Aussi nu le matière n'a peut-être été plus modifiée
par les législateurs ni plus discutée. En traitant des importants effets de la faillite, nous aurons l'occasion de toucher
quelques-unes des questions discutées en législation; nous
verrons encore les progrès de la loi de 1838 sur le Code de
1808, et nous nous demanderons si d'autres modifications
ne seraient pas encore nécessaires.

DES EFFETS DU JUGEMENT DÉCLARATIF DE FAILLITE.

Généralités.

La faillite est l'état d'un commerçant qui cesse ses payements (C. comm., art. 437). Les commerçants seuls peuvent
être déclarés en faillite. En matière commerciale, les règles
de la faillite sont autres que celles qui régissent l'insolvabilité
civile. L'insolvabilité n'est pas une condition nécessaire de la
faillite; il peut y avoir, par contre, insolvabilité sans faillite.
Ainsi tel commerçant est bien au-dessus de ses affaires; ses
livres dénotent un actif bien supérieur à son passif; cependant s'il se trouve, pour le moment, dans l'impossibilité de
payer ses dettes échues, il peut être déclaré en faillite; et
par contre, tel autre commerçant se trouve actuellement
avec un actif bien insuffisant pour répondre à ses engagements; mais il espère réussir dans telle ou telle entreprise;
ses dettes ne sont pas encore échues, il peut parfaitement
se faire qu'il ne soit pas déclaré en faillite.

Le législateur, pour assurer le crédit, a dû établir des
règles spéciales à la matière de la faillite, tendant à faire

de l'état de faillite une situation à part. Il cherche à éviter les fraudes qui sont ici plus fréquentes que partout ailleurs, et il tâche de rendre égale la position de tous les créanciers en face de la faillite. Comme on l'a souvent dit, dans un désastre commun, les pertes doivent être égales.

Nous nous efforcerons de démontrer que pour qu'il y ait faillite, il faut une déclaration par jugement ; ce jugement, qui transforme ainsi le commerçant en failli, est un des plus intéressants épisodes de la faillite. La déclaration de faillite a des effets importants, donnant lieu aux questions les plus délicates en théorie comme en pratique. C'est de ces effets que nous nous proposons de traiter.

Le jugement déclaratif peut intervenir soit à la suite d'une demande émanant des créanciers ou même du failli, soit par l'initiative propre du juge (art. 437 C. com.). Aucune condition n'est exigée du créancier pour avoir le droit de poursuivre la déclaration d'une faillite ; la loi anglaise fixe un certain chiffre de créance au-dessous duquel un créancier ne peut pas avoir ce droit. La déclaration peut être prononcée même vis-à-vis d'un failli décédé, à la condition que la demande soit faite dans l'année du décès (art. 437, 2°). La loi de 1838 a fait ici cesser une difficulté qui existait auparavant. Aucune condition n'est imposée au juge pour déclarer une faillite ; il n'a qu'à se conduire d'après les circonstances.

Le législateur a dû s'occuper non-seulement de l'époque qui suit la déclaration de faillite, mais encore d'une époque qui la précède, et pendant laquelle des fraudes pourraient être commises. La loi présume entachés de fraude certains actes passés durant cette époque-là, et elle les déclare nuls, sans laisser au juge aucun pouvoir d'appréciation ; pour d'autres actes, au contraire, on laisse au juge la faculté de les annuler ou de les maintenir, suivant qu'en fait ils ont été passés de bonne ou de mauvaise foi. Cette époque a pour point de départ le jour de la cession des payements, fixé par le juge, soit dans le jugement déclaratif, soit dans un jugement postérieur; d'après la pratique, le juge a la faculté d'examiner. On va même plus loin; la loi annule ou permet d'annuler des actes passés même à une époque antérieure à celle de la cessation des payements, c'est-à-dire, dans les dix jours qui précèdent cette cessation.

Parmi les effets du jugement déclaratif, il faut distinguer ceux qui se rattachent aux biens, et ceux qui se rattachent à la personne même du failli. Nous aurons donc à nous occuper : 1° des effets du jugement déclaratif concernant les biens du failli qui se produisent après ce jugement; 2° des effets du jugement déclaratif sur les biens du failli à une époque antérieure à la faillite; 3° des effets du jugement déclaratif concernant la personne du failli.

CHAPITRE I.

§ 1. *Dessaisissement du failli.*

Art. 443 C. com. « Le jugement déclaratif de la faillite
emporte de plein droit, à partir de sa date, dessaisissement
pour le failli de l'administration de tous ses biens, même
de ceux qui peuvent lui échoir tant qu'il est en état de
faillite. »

Nous avons déjà donné les motifs de cette décision qui
était inconnue dans la législation antérieure au Code de
1808. « Il est une maladie du corps humain d'un effet aussi
« prompt que la foudre. Tout d'un coup, et au moment
« même où quelqu'un en est atteint, elle arrête en lui tout
« mouvement volontaire, et le tient soudé dans l'attitude
« où il était au moment de l'attaque. Cet homme est la par-
« faite image du commerçant, contre lequel le juge consu-
« laire vient de prononcer un jugement déclaratif. La loi
« lui crie : « Arrête, » et sur l'heure, à l'instant, sur-le-
« champ, comme dit Merlin, tout mouvement commercial,
« toute capacité unilatérale ou consensuelle s'arrête en lui. »
(Lepoitevin et Delamarre, n° 92.)

Le dessaisissement est un effet immédiat du jugement déclaratif. Il n'est pas besoin, pour que cet effet se produise,

d'une déclaration du juge; bien plus, le jugement ne peut pas affranchir le failli des conséquences de ce dessaisissement; et lorsqu'il s'agit d'appliquer une de ces conséquences, le juge doit nécessairement le faire; c'est un effet fatal, suivant l'expression employée par Bravard.

Le dessaisissement a lieu du jour du jugement déclaratif, à la différence de ce qui était décidé par le Code de commerce, où l'on faisait remonter cet effet au jour de la cessation des payements, rétroactivité pernicieuse pour le crédit et pour la confiance que les tiers pouvaient avoir dans le failli. Le jugement déclaratif doit être rendu public (442 C. com.). Cette publicité n'est pas une condition nécessaire pour que le dessaisissement s'opère; les mots *à partir de sa date* sont des expressions trop claires pour qu'il y ait doute. Malgré cela, Bravard soutient que le jugement ne peut produire des effets à l'égard des tiers de bonne foi, qu'autant qu'il a été rendu public. Bravard donne, à l'appui de son opinion, deux arguments, l'un d'équité et l'autre de texte. Il est imposible, suivant lui, que le législateur ait voulu tromper les tiers de bonne foi qui se trouveraient ainsi pris dans un piége. L'argument de texte consiste à dire que l'article 443, qui déclare le failli dessaisi de ses biens, est subordonné à l'article 442, statuant sur la publicité de la faillite. Le jugement ne peut produire son effet tant que les conditions de l'article 442 ne sont pas réunies, tant que ce jugement n'est pas rendu public.

Cette opinion n'est pas celle des auteurs ni de la jurisprudence; l'article 443, comme nous l'avons dit, est des plus précis : à partir du jugement, le dessaisissement est opéré; rien n'indique le délai dans lequel doit être opérée la publication, ni si cette publication produira ou non un effet rétroactif. Quant à la raison d'équité, quand même elle serait complétement fondée, ce ne serait qu'une critique à la loi, pouvant bien engager le législateur à la réformer, mais ne pouvant permettre au juge de ne pas l'appliquer.

La jurisprudence est encore allée plus loin en décidant que le jugement produit son effet du jour où il est rendu, sans qu'il y ait à regarder si à l'instant où un acte a été passé, ce jugement était ou non déjà rendu. Les jugements, comme les actes, ne portant pas l'heure à laquelle ils sont faits, il serait donc difficile, à moins de laisser le champ ouvert à la fraude, de rechercher, à une minute près, si le jugement existait au moment où l'acte a été passé. Il y a cependant quelque chose de choquant à voir un effet produit à un moment où la cause n'existait pas encore, et parce que la loi n'a pas décidé le contraire. (Cass. 5 juillet 1821, 13 mai 1835, jugé que le jugement produit son effet, quand même il est rendu à l'étranger; Grenoble, 12 avril 1851, Sir., 21, 1, 350; 35 1, 707, 51, 2, 727. En sens contraire, Amiens, 18 mars 1848; Sir., 48, 2, 716.)

Le failli n'est dessaisi que de l'administration de ses biens; il en garde donc la propriété. Lors de la discussion du Code de 1808, on voulait que le failli perdît même la propriété de ses biens; c'était là une décision trop rigoureuse, et parfois trop injuste; car une fois les créanciers désintéressés, le failli doit garder le reste de son patrimoine.

Le failli est dessaisi des biens acquis, même postérieurement à la faillite. Rien n'empêche en effet que le failli ne fasse de nouvelles acquisitions. Le cas n'était pas prévu par le Code de 1808, et il faisait difficulté en pratique. Ainsi un arrêt rendu par la Cour de Paris, le 2 février 1825, avait décidé que le dessaisissement ne s'opérait que pour les biens présents.

Malgré la généralité des expressions « *de tous ses biens* » de notre article, on discute encore le point de savoir si le failli est ou non dessaisi. Nous voulons parler des biens déclarés insaisissables par l'article 581 du Code de procédure; cet article 581 est-il modifié par l'article 443 du Code de commerce? On a soutenu qu'en présence de l'article 443, aucun doute ne pouvait exister; mais ce système absolu n'est pas admis. Les auteurs sont presque unanimes à décider que les objets visés par les numéros 3 et 4 de l'article 581 ne sont pas atteints par notre article 443 ; mais on discute sur le 1° et le 2° de cet article 581. Suivant MM. Renouard et Massé, l'article 443 s'applique aux objets compris dans ce 1° et ce 2°, cela surtout depuis la loi de 1838, qui, dans ses articles 469 et 474, permet aux juges de dispenser de l'apposition des scellés des objets servant au travail et à l'entretien du failli et de sa famille ; donc on ne peut plus dire qu'on manquerait aux premiers devoirs de l'humanité en dessaisissant le failli de ces objets. Cependant nous serions porté à repousser cette opinion qui n'est fondée sur aucun texte. Notons que les articles 469 et 474 du Code de commerce, ne font pas une obligation, mais seulement une simple faculté pour le juge de la dispense de faire placer ces objets sous les scellés; donc si le juge se refusait à permettre de ne pas les mettre sous les scellés, le failli en serait privé ; tandis que le Code de procédure déclare d'une manière impérative que ces objets ne pourront jamais être saisis. Les créanciers qui ont suivi la foi du failli n'ont jamais dû compter sur ces objets; on ne peut supposer qu'en prêtant, ils ont prévu le cas où le débiteur tomberait en faillite. La faillite ne peut pas créer au profit des créanciers un avantage qu'ils n'auraient pas eu sans elle.

Parmi les choses insaisissables figurent encore les objets donnés, soit par acte entre-vifs, soit par testament, mais déclarés insaisissables par le donateur ou par le testateur. Ces objets sont insaisissables seulement à l'encontre des créanciers existant au moment de la donation. Quant aux créanciers postérieurs, ils peuvent les saisir, mais seulement avec la permission du juge (art. 582 C. de pr.) Ces règles sont-elles applicables en cas de faillite du donataire?

Plusieurs cas sont à distinguer. Une pareille donation entre-vifs ou testamentaire est faite postérieurement au jugement déclaratif; comme nous l'avons vu, on est à peu près d'accord pour décider que le failli n'est pas dessaisi des biens formant cette donation.

La donation peut avoir été faite avant le jugement déclaratif; il faudra encore distinguer, dans ce cas, si les créanciers sont tous postérieurs à la donation ou quelques-uns seulement, ou s'ils sont tous antérieurs. Dans le premier cas, faudra-t-il soumettre le dessaisissement, pour les biens ainsi donnés, à la condition de l'article 582 du Code de procédure? Ces biens ne pourront-ils être saisis que par portions, et en suivant les formalités indiquées dans cet article? Pour nous, qui avons admis que la faillite ne pouvait créer pour les créanciers une position plus avantageuse, nous croyons qu'on doit observer ici l'article 582. Dans le second cas, il est impossible de faire une distinction entre les créanciers antérieurs et postérieurs à la donation. La loi ne reconnaît qu'une seule masse, dans laquelle chaque créancier vient pour une part égale, proportionnelle à sa créance; la nature de la faillite rend impossible toute distinction. Enfin, pour le dernier cas, on a soutenu que le failli étant dessaisi de tous ses biens et les créanciers ne formant à son égard qu'une seule masse prenant naissance au moment de la faillite, on devait considérer cette masse comme un créancier nouveau, et admettre le dessaisissement en leur faveur même sur les biens donnés. Ici encore, nous suivrons l'opinion enseignée par M. Demangeat, et nous déciderons que l'article 582 devra être appliqué.

Enfin on ne discute plus aujourd'hui sur la question de savoir si la loi du 8 nivôse an VI, déclarant les rentes sur l'État insaisissables, s'applique encore; l'affirmative ne fait pas doute.

Le failli perd le droit d'administration de ses biens; il perd par conséquent aussi le droit de les engager; mais il garde toujours le droit d'engager sa personne; il peut encore exercer une industrie, et acquérir ainsi de nouveaux biens. Mais des difficultés s'élèvent lorsqu'on cherche à déterminer quel est le droit du failli sur ses biens nouvellement acquis. Peut-il en disposer? Établissons d'abord deux principes qui pourront nous servir à résoudre toutes les difficultés. Toute acquisition faite par le failli profite à la masse; mais les biens n'entrent dans la masse que grevés des charges existant au moment de l'acquisition, ou de celles moyennant lesquelles l'acquisition a été faite. Ainsi, si nous supposons une acquisition à titre de succession et si les créanciers et les légataires ont demandé la séparation des patrimoines, les biens de la succession n'entreront dans la masse qu'après que tous les créanciers et les légataires seront payés. De même, l'acquisition faite à la suite d'un partage profitera à la masse, mais sauf le privilége du copartageant, qui garantit les obligations résultant du partage. De même, enfin, si nous supposons qu'en prêtant de l'argent au failli, qui veut acheter un immeuble, le prêteur demande à être subrogé au privilége du vendeur, incontestablement le privilége sera valablement stipulé à l'égard de la faillite. D'autre part, une fois l'acquisition faite, le failli se trouve dessaisi de ses biens; il ne peut plus les engager à un tiers, au détriment de la masse. Posons deux principes : 1· la masse doit respecter toutes les charges d'un bien acquis , qu'elles soient préexistantes ou concomitantes à l'acquisition; 2· le failli ne peut, par aucun acte, engager les biens acquis ni en disposer.

Voyons d'abord la jurisprudence. Un arrêt de la Cour de Paris, antérieur à la loi de 1838 (2 février 1835), reconnaît d'abord le droit pour le failli d'exercer une industrie , et il décide en second lieu que les biens acquis dans cette industrie ne sont pas le gage exclusif des premiers créanciers. La Cour de cassation a décidé le 8 mars 1854 (Sir. 54, 1, 238), que le failli seul a le droit d'intenter une action relative à son industrie. Un arrêt de la Cour de Paris, du 6 juillet 1855 (Sir. 55, 2, 470), déclare que l'effet du dessaisissement porte aussi sur les produits de l'industrie du failli, en déduisant une certaine portion rémunératoire pour lui. Enfin la Cour de cassation, par un arrêt du 12 juin 1864 (64, 1, 17), a jugé que le failli peut intenter toute action relative à son industrie, et que les syndics pourront s'y opposer quand le failli agira dans l'intention de frauder la masse. Elle a jugé encore que le failli peut vendre son nouveau fonds de commerce, et que les syndics ne peuvent critiquer cette vente qu'autant qu'elle serait frauduleuse. Suivant M. Renouard (p. 204-208), les créanciers postérieurs ne peuvent pas exclure ceux qui sont antérieurs à la faillite, et ils ne peuvent pas même concourir avec eux.

L'article 443 déclarant le failli dessaisi, même des biens acquis postérieurement à la faillite, il en résulte que le failli n'a pas pu, en s'obligeant, engager ses biens. L'arrêt

de 1825 a été cité dans les travaux préparatoires de la loi de 1838, et c'est parce qu'on ne voulait pas adopter le système de l'arrêt qu'on a rejeté un amendement proposé dans le même sens. M. Bédarride combat aussi le système de M. Renouard. « Proclamer que le failli est libre d'exer-
« cer une nouvelle industrie, c'est appeler, c'est encou-
« rager les tiers à lui en fournir les moyens ; et lorsque,
« cédant à cet appel, ils auront donné des fonds, ils ver-
« ront ces fonds tourner exclusivement au profit des autres
« créanciers, c'est-à-dire qu'on aura puisé dans la bourse
« des uns pour enrichir les autres ! Qu'on nous permette
« de croire et de dire que ce serait là, non-seulement une
« injustice, mais encore une immoralité. » Pour nous, il y a du vrai dans les deux systèmes. Toutes les fois que pour le commencement ou la continuation d'une industrie, ou l'exercice d'un commerce, le failli a contracté des obligations, les biens acquis par cette industrie ou par l'exercice du commerce répondront de ces obligations. Et si le failli contracte des obligations étrangères à son industrie ou à son commerce, alors les syndics pourront exclure ces derniers créanciers des biens nouvellement acquis. Voilà, suivant nous, les conséquences logiques résultant des principes que nous avons posés.

Le failli qui perd l'administration de ses biens, conserve néanmoins l'administration des biens de son pupille, ou de ses enfants, ou de sa femme, sauf l'application de l'article 444, Code civil, déclarant que le tuteur infidèle peut être destitué, surtout quand le failli tuteur est prévenu de banqueroute, sauf encore le droit de la femme de demander la séparation de biens.

Nous voyons par là la différence qui sépare le failli de l'interdit, qui ne peut conserver l'administration des biens de son pupille, ou de ses enfants, ou de sa femme. En second lieu, l'incapacité de l'interdit judiciairement est créée pour le protéger; tandis que l'incapacité du failli est créée seulement pour protéger les créanciers. Le failli ne peut donc pas invoquer son incapacité pour faire annuler ses propres actes (Cass. 12 avril 1825; Toulouse, 4 avril 1840). La Cour de Bordeaux (arrêt du 10 mai 1841; Dalloz, Faillite, n° 108) a jugé que la nullité ne peut être invoquée que par la masse, et que dans l'espèce qui lui était soumise, elle ne pouvait l'être par l'héritier bénéficiaire du failli.

Le failli étant dessaisi de ses biens, on nomme pour l'administration de ces biens des syndics provisoires. Sans entrer dans l'étude des droits que les syndics peuvent exercer, disons quelques mots du droit qu'ils ont d'intenter les actions du failli.

A cet effet, il faut soigneusement distinguer trois sortes d'actions :

a. Actions purement personnelles au failli, qui ne peuvent être intentées que par lui seul, et que le failli ne peut pas être forcé à intenter. Telles sont les actions qui se rapportent à l'honneur et à la réputation du failli. Telles sont encore : l'action en révocation de donation pour cause d'ingratitude, une demande en désaveu, une demande en séparation de corps. La seule difficulté ici serait de savoir si le failli intentant l'une de ces actions peut, pour le cas où il échouerait, engager les biens dont il est dessaisi pour le payement des frais de justice. Nous croyons qu'il le peut ; car autrement, ceux contre qui l'action est intentée pourraient refuser de se défendre, et l'on arriverait à ce résultat que le failli, obligé d'obtenir le consentement des syndics, ne serait plus seul juge de la question de savoir s'il faut intenter l'action.

b. Actions appartenant au failli, mais qui peuvent être

intentées par les créanciers représentés par les syndics, en vertu de l'article 1166 du Code civil. Les créanciers peuvent exercer tous les droits qui ne se rattachent pas à la personne de leur débiteur. En principe, chaque créancier est maître d'exercer tel ou tel droit de son débiteur ; au cas de faillite, et ce point est à noter, les créanciers ne peuvent plus exercer les droits du failli séparément ; c'est la masse entière, représentée par les syndics, qui peut seule agir. Comme actions appartenant à cette seconde classe, notons à titre d'exemple : les actions en révocation de donation pour cause de survenance d'enfant, ou pour cause d'inexécution des charges ; l'action en rescision du partage ou de la vente, pour cause de lésion de plus d'un quart, ou des sept douzièmes. Ceux, contre qui les actions sont intentées, peuvent opposer aux syndics toute exception qu'ils auraient pu opposer au failli lui-même. Le failli a toujours le droit de surveillance ; il peut valablement intenter seul une action, pour interrompre une prescription ; le défendeur ne pourrait pas, en pareil cas, soutenir que l'action n'a pas été valablement intentée. Il peut seulement demander l'intervention des syndics au procès, pour que le jugement qui sera rendu, leur soit opposable.

c. Actions que le failli ne peut pas, mais que les syndics peuvent intenter, soit en vertu de l'article 1167 du Code civil, soit en vertu de l'article 447 du C. de commerce, qui annulle, ou permet d'annuler certains actes passés par le failli. Ici, les syndics n'exercent plus un droit du failli, mais un droit qui leur appartient en propre. En nous occupant des nullités en matière de faillite, nous verrons combien il est difficile de distinguer un droit appartenant au failli, d'un droit appartenant aux créanciers.

§ II. *Suspension des poursuites.*

Art. 443-2° «A partir de ce jugement, toute action mobilière ou immobilière ne pourra être suivie ou intentée que contre les syndics.

«3° Il en sera de même de toute voie d'exécution, tant sur les meubles que sur les immeubles. »

D'après ces deux alinéa de l'art. 443 du Code de commerce, on arrivait à conclure que pour les exécutions, comme pour les actions, on devra les suivre ou les intenter contre les syndics. Cependant cela n'est pas vrai pour les exécutions, et l'article 443 est bien loin d'exprimer ce qu'il a voulu dire. D'après l'article 571 du Code de commerce, « à partir du jugement qui déclarera la faillite, les créanciers ne pourront poursuivre l'expropriation des immeubles, sur lesquels ils n'auront pas d'hypothèque. » Voilà pour les immeubles ; quant aux meubles, il résulte des articles 534 et 527 du Code de commerce, que la vente des meubles est aussi défendue aux créanciers qui n'ont pas sur eux un droit de privilége ou de préférence. Donc un simple créancier chirographaire ne peut pas commencer une poursuite contre les biens du failli. Que devient donc notre 3° ? Ici, on a voulu dire que dans les cas où une poursuite sur les immeubles ou sur les meubles, en vertu des articles 571, 534 et 527, serait possible, elle ne pourra, comme toute autre action, commencer ou suivre que contre les syndics. La rédaction de notre article est donc des plus critiquables.

Ainsi, à partir du jugement, toute voie d'exécution cesse. C'est là la conséquence nécessaire du premier effet du jugement déclaratif. Du moment que le failli est dessaisi de ses biens, et que chacun des créanciers est privé du droit d'intenter isolément une action, et qu'il ne peut se faire payer, à quoi bon lui permettre de poursuivre seul l'expropriation d'un bien? A combien de frais ne donneraient pas lieu les poursuites de chacun des créanciers agissant isolément? On voit donc les raisons de cette décision.

Une question discutée est celle de savoir si une exécution commencée avant la faillite contre le failli, pourrait être continuée après contre les syndics. L'ancien article 494 permettait la continuation de l'action contre les syndics, si l'action intentée avant la faillite était dirigée contre la personne ou le mobilier du failli.

La jurisprudence discutait la question de savoir si des poursuites commencées contre les immeubles pouvaient être continuées. Pour l'affirmative, on argumentait par *à fortiori* de l'article 494; pour la négative, on argumentait par *à contrario* du même article. C'était là une des questions sur lesquelles la jurisprudence était le plus divisée. Aujourd'hui le doute n'est plus possible, en présence de l'article 443, qui ne fait aucune distinction, et qui donne pour la continuation d'une exécution la même décision que pour la continuation d'une action. On peut comparer le dessaisissement du failli par le jugement déclaratif à une saisie opérée sur ses biens en faveur de tous les créanciers. Or, qu'arrive-t-il lorsqu'une saisie est faite après une autre saisie? La seconde n'annule pas la première ; le nouveau saisissant ne peut que s'unir au premier pour continuer avec lui la procédure, et pour venir en concours sur le prix de l'objet vendu. Nous devons dire de même ici : les poursuites commencées ne peuvent pas être annulées par le dessaisissement; on devra les continuer, sauf à appliquer les règles de la contribution; « la masse même y gagnera, parce que les biens seront réalisés, et elle ne payera que les mêmes frais. Au lieu de meubles périssables, il y aura une somme productive d'intérêts. » (Bédarride, 1, 86.) Il serait d'ailleurs injuste, en annulant la saisie commencée, d'en faire supporter les frais par un créancier, qui, l'ayant commencée, et n'étant peut-être pour rien dans la déclaration de faillite, n'a rien à se reprocher (Paris, 1830; Angers, 10 mars 1849 Dalloz, *op. cit.*, n° 230).

Voilà sur quels arguments se fonde le premier système, qui n'est pas le nôtre. Nous croyons qu'une exécution commencée avant le jugement déclaratif doit s'arrêter, précisément par la même raison qui veut qu'on ne puisse pas la commencer. En effet, l'argument tiré de l'article 443 , n'est d'aucune valeur. Nous avons déjà vu, ce qui ne fait pas de doute, que l'article 443 n'est pas exact, du moins quand il s'agit d'une exécution à commencer ; or, si l'article 443 est inexact sur ce point, comment pourrions-nous en tirer argument pour le cas d'une exécution à suivre? L'assimilation qu'on fait entre le dessaisissement qui suit le jugement et une saisie postérieure à ce jugement, quand même elle serait vraie à certains points de vue, ne peut servir à trancher une si grave question. Loin de là : avec le premier système, on arrive au même inconvénient que le législateur a voulu éviter « la multiplicité des frais. » Supposons cinq ou six saisies commencées sur différents objets se trouvant en différents lieux ; supposons que chacune d'elles en soit encore aux premières phases de la procédure ; ne serait-il pas dangereux d'en permettre la continuation , au lieu de laisser s'accomplir une seule expropriation, celle poursuivie par les syndics? Si, dans bien des cas, la masse aura plus d'intérêt à remplacer les objets par des sommes d'argent, le cas contraire peut très-bien se présenter ; qui sait si le moment choisi pour la vente a été opportun? Tel objet vendu aujourd'hui à tel prix, pourra être vendu demain à un prix supérieur. Sans doute, si la masse voit que son intérêt est de laisser continuer la vente, comme toutes les règles que nous étudions ne sont créées que dans son intérêt, les syndics n'ont qu'à s'abstenir de s'opposer à la vente, et les poursuites suivront leur cours. En admettant ce système, nous ne refusons pas au créancier poursuivant le droit de se faire payer les frais faits jusque-là ; car il serait injuste qu'il les supportât ; il en sera donc indemnisé ; mais il devra faire cesser les poursuites commencées. La Cour de Bordeaux a même jugé que ces frais entreront dans les frais protégés par l'article 2101 C. civ., et que le créancier poursuivant jouira d'un privilége pour les recouvrer (Aix, 11 juillet 1842, permettant la continuation des poursuites seulement pour les frais ; Rouen, 6 janvier 1843; Paris, 2 juillet 1846; Cass. 24 janvier 1853; Sir., 42, 2, 14; 43, 2, 120; 46, 2, 391; 53. 1, 321).

Nous ne dirons que quelques mots d'un troisième système qui donne la même décision que le premier système, lorsque les poursuites étant dirigées contre un immeuble, et la même que dans le second système, lorsque les poursuites sont dirigées contre des meubles. Le système intermédiaire se fonde sur la première partie de l'article 572 C. com. qui suppose une saisie immobilière survenue avant l'état d'union, et qui dit qu'elle peut être continuée après. Mais, comme pour réfuter le premier système, nous dirons que l'article 572 C. com., se rapporte au cas où une poursuite pourrait être continuée après la faillite, c'est-à-dire au cas où il s'agirait d'un créancier privilégié ou hypothécaire (tribunal d'Évreux, 16 septembre 1843; Rouen 23 février 1844; Cass. 10 mars 1845, Dalloz; op., 250).

La cessation des poursuites n'est pas imposée au créancier privilégié ou hypothécaire. Les créanciers peuvent commencer ou continuer une exécution après la faillite. Les syndics ne peuvent les empêcher qu'en les désintéressant (C. com., art. 547. 548, 571). Ces poursuites seront exercées contre les syndics ; voilà l'idée qu'on a voulu exprimer dans les articles 443 et 572. Cette exception faite pour les créanciers privilégiés ou hypothécaires, cesse lorsque les opérations des syndics sont avancées, c'est-à-dire dans le cas où les opérations préparatoires de la faillite sont terminées. Dans ce cas, comme ces créanciers n'ont plus à redouter des retards, ils doivent se réunir aux syndics, qui, seuls, peuvent poursuivre l'expropriation des biens.

Parmi les créanciers privilégiés, figure le locateur d'immeubles, ayant privilége pour les créances qui résultent du bail sur les meubles apportés pour garnir la maison ou la ferme (art. 2103-1°). Par faveur pour la créance du bailleur, on lui permet d'exercer une saisie appelée saisie-gagerie, qui peut avoir lieu un jour après le commandement et sans la permission du juge; il peut même l'exercer sans commandement, avec la permission du président du tribunal, permission qui est nécessaire (art. 819. C. de proc. civ.). L'article 450, du Code de commerce défend au propriétaire, ou à tout autre bailleur d'immeubles, d'exercer pendant trente jours, à partir du jugement déclaratif, aucune voie d'exécution sur les effets mobiliers servant à l'exploitation du commerce du failli.

Voici comment le rapport à la chambre des députés justifie cette innovation de la loi de 1838 : « ..... On pourrait suspendre pendant l'espace de trente jours les voies d'exécution qui lui appartiennent, afin de ménager aux créanciers le temps nécessaire pour se réunir et se concerter sur les moyens de désintéresser le locateur. »

Remarquons, sur cette règle, que le propriétaire n'est tenu de suspendre l'exécution *que sur le mobilier servant à l'exploitation du commerce;* donc il peut exercer des poursuites sur les meubles étrangers à cette exploitation. Le propriétaire peut encore prendre toutes les mesures conservatoires; s'opposer à ce que le mobilier soit sorti des lieux, et revendiquer les meubles sortis au moyen de la saisie-gagerie; cette suspension de l'exécution cesse encore lorsque le bail étant terminé, le propriétaire voudra prendre possession des lieux loués.

On a soutenu que cette suspension n'avait pas lieu lorsque, avant le jugement déclaratif, on a fixé le jour de la vente du mobilier. Il y a là, dit-on, un droit acquis pour le bailleur, droit acquis en vertu d'une décision judiciaire, qui, une fois passée en force de chose jugée, ne peut plus être contestée. Il nous est bien difficile d'admettre cette opinion. L'article 450 est général; il ne fait aucune distinction et parle de « *toute voie d'exécution* pour parvenir au payement; » l'autorité de la chose jugée n'a rien à faire ici. Personne ne peut dire : J'ai un droit acquis à ce que tel bien soit vendu tel jour. La vente peut être retardée par bien des circonstances.

§ 3. *Perte pour le failli du bénéfice du terme.*

« Le jugement déclaratif de faillite rend exigibles, à l'égard du failli, les dettes passives non échues » (art. 444-1° C. com.). Lorsque je suis débiteur à terme, tant que ce terme n'est pas expiré, le créancier, tout en ayant le droit de faire des actes conservatoires pour assurer l'exécution de l'obligation, ne peut pas demander à être payé. C'est ce qui a fait dire à Pothier : « Qui a terme ne doit rien. » C'est à cette règle générale exprimée par le Code civil (art. 1188) que notre article fait exception, en reproduisant avec moins d'exactitude l'article 1188 du Code civil, d'après lequel le débiteur ne peut réclamer le bénéfice du terme lorsqu'il fait faillite. La raison donnée pour justifier cette décision est la suivante : le créancier, qui accorde un terme à son débiteur, le fait parce qu'il a la ferme confiance d'être payé à l'échéance; or cette confiance ne peut plus exister du moment que, par la faillite de ce débiteur, on acquiert la certitude que le payement ne pourra plus avoir lieu. Ce n'est pas toujours une déchéance pour le failli, car il est dessaisi de ses biens; la perte tombe sur la massse le plus souvent.

Mais revenons à notre règle. Nous ferons d'abord observer que l'article 444, en se servant du terme *exigible*, n'est pas tout à fait exact (la loi française ne permet pas, comme d'autres lois étrangères, de faire subir au créancier à terme la déduction des intérêts des sommes devenues exigibles par la faillite, pour le temps qui restait à courir jusqu'à l'exigibilité de la dette. Nous trouvons dans le Code espagnol (art. 1043), qu'on devra déduire l'intérêt commercial des sommes dues à terme, en raison de l'anticipation de payement résultant de la faillite. Même disposition dans la loi anglaise, quand il s'agit de lettres de change. Le Code hollandais ne permet cette déduction qu'autant que la dette était payable par annuités, ou qu'elle était exigible au moins trois ans après le payement); car la déchéance du terme ne permet pas au créancier de se faire payer de suite, mais seulement de venir se faire inscrire au passif, et prendre part aux opérations de la faillite. Le payement fait par le failli ne serait même pas valable. Nous possédons un arrêt du tribunal de cassation du 11 nivôse an X, antérieur par conséquent au Code de commerce, qui constate qu'il était établi dans les usages du commerce, que la faillite produisait la déchéance du terme. Cet arrêt juge que la faillite autorise le protêt d'un billet à terme, souscrit par le failli. Un arrêt de la cour de Nancy, du 31 août 1831 (Dalloz, 250) a suivi le même système.

Faudra-t-il donner la même décision en cas d'une dette

conditionnelle? Les termes mêmes de notre article s'y opposent; il ne parle que d'une créance à terme; en outre, il y a une grande différence entre une obligation à terme et une obligation conditionnelle. Dans le premier cas, on a la certitude que quelque chose est dû au créancier; dans le second cas, cette certitude manque. On ne peut permettre au créancier de se présenter comme tel quand il no l'est pas, et quand il ne le sera peut-être pas. Cependant, comme ces créanciers peuvent faire tous les actes conservatoires, comme ils peuvent, à bon droit, se plaindre de ce qu'ils risquent de n'être pas satisfaits, nous croyons qu'on devra les faire figurer parmi les créanciers, et lors de la distribution des deniers, consigner la somme à laquelle ils auraient droit si la condition était réalisée. Nous croyons ce système meilleur que celui proposé par M. Bédarride, et qui consiste à permettre au créancier conditionnel de toucher les sommes qui lui sont dues, en donnant caution de les restituer pour le cas où la condition viendrait à manquer.

Cette déchéance du terme profite à toutes sortes de créanciers, soit chirographaires, soit privilégiés ou hypothécaires. Ici apparaît une difficulté sérieuse, résultant de la position différente dans laquelle se trouvent ces créanciers. Nous savons que, par exception, les créanciers ayant hypothèque ou privilége sur les biens du failli, peuvent, pendant la faillite, commencer ou continuer les poursuites contre les syndics. On se demande si un créancier privilégié ou hypothécaire à terme peut profiter, d'une part de la disposition de notre article 444 et, d'autre part, de sa situation comme créancier hypothécaire ou privilégié et poursuivre la vente du bien qui lui est affecté avant l'expiration du terme? Nous avons l'intime conviction qu'il ne le peut pas. Si ce créancier a un droit exceptionnel, cela tient à ce qu'il est considéré comme étant en dehors de la faillite; on ne le regarde pas comme créancier du failli, mais comme créancier de l'objet qui lui sert de gage. Cela est tellement vrai que, si ce créancier demande à prendre part aux opérations de la faillite, sous prétexte que le bien grevé ne sera pas suffisant pour le payer, il ne peut exercer sur les autres biens le droit exceptionnel qui lui est accordé par l'article 571, en tant que créancier privilégié ou hypothécaire. Il nous paraît impossible de considérer le créancier hypothécaire ou privilégié comme étant à la fois en dedans et en dehors de la faillite. On ne peut pas admettre qu'un créancier puisse en même temps se présenter comme créancier ordinaire et exercer les droits d'un créancier privilégié. C'est là, d'après nous, le meilleur système, malgré les auteurs et les arrêts nombreux qui décident le contraire (jugé ainsi, Bordeaux, 4 juin 1832; Dalloz n° 246. En sens contraire, Angers, 20 mai 1861; Dalloz n° 227; Lyon, 20 février 1866; Sir., 66, 2, 154).

Le mot *dette* doit être pris dans un sens large, comme désignant non-seulement les dettes de somme d'argent, mais encore tout objet qui sera dû, à quelque titre que ce soit. Ainsi la Cour de Toulouse a jugé (arrêt du 24 novembre 1835) que l'obligation du donateur à terme est soumise à la disposition de l'article 444. Cependant la Cour de Bordeaux a décidé, avec raison, que l'article 444 n'était plus applicable au cas où un vendeur ayant obtenu un terme pour la livraison de la chose vendue, il voudrait réclamer le prix à l'acheteur failli, avant l'échéance du terme. S'il s'agit d'une obligation de faire à terme, tant que le failli se trouve dans la possibilité de la remplir, le créancier ne peut pas exiger qu'elle soit exécutée, ou se présenter dans la masse, comme créancier d'une somme d'argent à titre de dommages-intérêts.

A un autre point de vue encore, la déchéance du terme ne doit pas être confondue avec une véritable exigibilité de la dette. Nous entendons parler de la compensation, qui ne pourra pas avoir lieu ici; car nous ne sommes pas dans le cas prévu par l'article 1289 du Code civil. La compensation n'est possible que dans le cas où le payement pourrait être exigé; or, après le jugement déclaratif, aucun payement n'est possible. Admettre la compensation, ce serait encore rompre l'égalité entre les créanciers du failli. Celui au profit duquel la compensation serait opérée obtiendrait ainsi, au lieu d'un dividende, le montant intégral de sa créance. La compensation sera admise seulement lorsque le dividende sera déterminé; elle aura lieu alors jusqu'à concurrence de ce dividende (Cass. 24 nov. 1841; Dall, n° 251). Tout cela n'est plus contesté dans la pratique.

De ce que la compensation ne peut avoir lieu, il s'ensuit que, si nous supposons deux commerçants en compte courant, dont l'un avait tiré au profit de l'autre une lettre de change sur un tiers qui n'a pas payé, celui au profit de qui la lettre a été créée ne peut pas compenser ce qu'il doit dans le compte, par suite de la création de la lettre de change, avec le montant de l'indemnité à laquelle il a droit, à raison de non-payement de ladite lettre. A et B étant en compte courant, A crée au profit de B un billet, par suite duquel B reste devoir à A cent. A ne paye pas, B ne peut pas compenser les cent qu'il doit avec les cent qu'il a droit de demander à A.

Mais de ce que la compensation n'est pas possible, s'ensuit-il que B devra être traité avec tant de rigueur? Pourra-t-on le forcer au payement des cent, lorsque l'effet n'aura pas été payé? On l'a soutenu. On a dit que par la création de ce billet, le passif de B dans le compte courant a été augmenté de cent. L'effet créé est devenu la propriété de B, en vertu

de l'article 130 du Code de commerce, et comme tel, il est à
ses risques et périls. Incontestablement B a un recours contre
A, mais sur ce recours il ne sera payé qu'avec un dividende, en monnaie de faillite. Comme on le voit, il y a là
une iniquité, et la jurisprudence a abandonné ce système,
frappée des inconvénients qui se présentent en pratique.
D'après la jurisprudence, la transmission de la propriété
de l'effet, comme aussi l'augmentation du passif de celui
au profit duquel l'effet a été créé, n'ont eu lieu qu'à la condition que cet effet serait payé. Il y a là une clause tacite,
sous-entendue par les parties, appelée clause *sauf encais-
sement*. Cette jurisprudence n'a rien de contraire à la loi
ni à l'équité; elle est de plus conforme à l'intention des
parties. Si B a consenti à inscrire à l'actif de A la valeur
de l'effet, c'est qu'il a cru qu'il lui serait payé (Nancy, 10
décembre 1842; Douai, 5 mars 1845; Dijon, 24 mai 1847;
Cass. 15 mai 1848; Sir., 43, 2, 5. 45, 2, 268. 48, 2, 187;
48, 1, 527. — *Contrà*, Cass. 9 juin 1838; Rouen, 13 décembre 1841, Sir., 38, 1, 518; 42, 2, 56).

C'est ici le lieu de nous occuper de la question de savoir
si le locateur peut, en cas de faillite du locataire, exiger le
payement de tous les loyers à échoir, lorsque la maison
louée est suffisamment garnie de meubles pour répondre de
ces loyers. Supposons un bail fait pour une durée de dix-huit
ans; le locataire a fait de grandes réparations, en vue de
la longue durée du bail. Au bout de quelque temps, le locataire tombe en faillite. Le propriétaire aura-t-il le droit
d'exiger le payement, lorsque pour les quinze ou seize ans
qui restent à courir, jusqu'à l'expiration du bail, et lui permettra-t-on, pour le cas où ce payement lui serait refusé, de
demander la résiliation du bail et de profiter ainsi des dépenses faites par le locataire? En laissant de côté la question de savoir si tous les privilèges que la loi accorde au

locateur sont justifiables en pure législation, tout le monde
reconnaît qu'il serait d'une iniquité révoltante de permettre
au bailleur d'exiger du failli tous les loyers à échoir. D'un
côté se trouvent les syndics offrant toutes les garanties
pour le payement des loyers, et de l'autre côté un propriétaire qui n'a peut-être que cette maison louée pour répondre de ses obligations du locateur. Et si cette maison
périt, quelle sera la garantie qui permettra aux syndics de
se faire restituer les loyers payés pour le temps qui restera
à courir? Pour arriver à donner une pareille décision, il
faudrait avoir au moins un texte clair et précis, devant
lequel nous devions nous incliner, tout en le critiquant.
La jurisprudence a persisté néanmoins dans son système,
et l'on a été forcé de présenter au Corps législatif, le 26
décembre 1867, une loi modifiant sur ce point l'article
2101.

Le premier argument sur lequel la jurisprudence fonde
son système, c'est que les créances à terme, d'après les articles 1188 du Code civil et 444 du Code de commerce, deviennent exigibles en cas de faillite du débiteur. Le bailleur
a, dès à présent, le droit de demander ses loyers à l'expiration de chaque année; il a donc plusieurs créances à
terme, dont l'échéance arrive chaque année, chaque se-
mestre, chaque trimestre. Survient la faillite du locataire,
le bénéfice du terme est perdu pour lui, les créances des
loyers deviennent immédiatement exigibles. Nous avons vu
qu'il n'est pas créé d'exception à la déchéance du terme
pour les créanciers privilégiés ou hypothécaires; on ne peut
dire à ces créanciers : Vous n'avez rien à redouter, car
vous êtes suffisamment garantis par vos priviléges et vos
hypothèques; la raison pour laquelle on a créé les articles
1188 et 444 n'existe pas pour vous (Cass. 7 décembre
1858, 28 mai 1865; Orléans, 10 novembre 1865; Douai,

10 avril 1800; Cass. 15 juillet 1808; Sir., 58, 1, 423; 65,
1, 201; 65, 2, 253; 66, 2, 120; 69, 1, 13).

Tel est le système presque universellement suivi en pratique; mais nous ne le croyons ni juste, ni juridique, ni
conforme à la loi. Il n'est pas juste, tout le monde le
reconnaît, même ceux qui l'admettent. Lorsque toutes les
garanties sont données au bailleur pour assurer le payement
des loyers, pourquoi lui permettrait-on d'exiger le payement
des loyers échus ? Il n'est pas juridique, car il est inexact
de dire que les créances des loyers soient des vraies
créances à terme. Le louage est un contrat synallagma-
tique : d'une part il y a l'obligation de payer les loyers,
d'autre part l'obligation de fournir la jouissance; la première ne peut exister qu'à la condition que la seconde s'exécute; l'existence de l'une est soumise à la condition que
l'autre soit remplie, et si l'un des contractants manque à
ses engagements, l'autre peut demander la résiliation du
contrat. Cela dit, le bailleur ne peut exiger l'exécution de
l'obligation du locataire qu'au fur et à mesure qu'il remplit
la sienne; et comme la jouissance qu'il doit procurer ne
peut se fournir que d'une manière successive, le locataire,
en droit rigoureux, ne devrait être tenu de payer que successivement, proportionnellement à sa jouissance; seulement il peut être convenu entre eux que les loyers dus pour
une période de jouissance seront payés à la fois, soit avant
cette période, soit après son expiration. Nous donnerons ici
la même décision que la Cour de Bordeaux, dans son arrêt,
cité ci-dessus, a donnée pour le cas de vente avec terme,
pour la livraison de l'objet vendu. Ce système n'est pas non
plus conforme à la loi, car s'il est vrai que les créanciers
privilégiés ou hypothécaires peuvent invoquer le bénéfice de
l'article 444, nous avons admis, avec une partie de la
jurisprudence, qu'ils ne peuvent, avant l'échéance du terme,

poursuivre la vente des biens qui constituent leur gage. Le locateur peut donc exiger qu'on l'inscrive parmi les créanciers du failli ; il peut exiger qu'on le paye, au cas où les meubles garnissant la maison seraient vendus, ou insuffisants pour répondre de sa créance; mais tant qu'il est suffisamment garanti, nous sommes convaincu qu'il ne peut pas demander le payement des loyers non échus (Cass. 16 décembre 1807; Paris, 16 août 1825; Dalloz, n° 260. Permettant au bailleur d'exiger une caution hypothécaire, Caen, 25 août 1846; 17 juillet 1862; Dalloz, n° 345; Sir. 63, 2, 147.)

La déchéance du terme, d'après notre article 444, n'a lieu qu'à l'égard du failli. Ces mots ne figuraient pas dans l'ancien article 444 ; ils paraissent bien inutiles et n'ont été ajoutés que parce que, en pratique, il y avait eu des doutes. Ainsi un arrêt de la Cour de Bordeaux, du 6 janvier 1836 (Dalloz, n° 257) avait jugé que cette déchéance est encourue même par les coobligés solidaires du failli. Il est évident que la déchéance ne s'applique qu'au failli ; ses coobligés solidaires ne peuvent pas être tenus de payer avant le terme stipulé. Les mêmes principes s'appliquent à la caution : la caution du failli peut refuser de payer la somme qu'elle garantit avant l'échéance du terme ; elle peut, de son côté, se présenter dans la faillite immédiatement, en vertu de l'article 2032- 2° du Code civil pour être indemnisée. Mais que décider si nous supposons, au contraire, que c'est la caution qui tombe en faillite? Dans ce cas, l'article 2020 du Code civil oblige le débiteur principal à en fournir une autre, à moins que le créancier n'eût demandé comme caution telle personne déterminée.

Ces règles souffrent exception lorsque l'obligation du failli a pour objet le payement d'un effet de commerce. Article 444- 2° du Code de commerce. « En cas de faillite du souscripteur d'un billet à ordre, de l'accepteur d'une lettre de change, ou du tireur à défaut d'acceptation, les autres obligés seront tenus de donner caution pour le payement à l'échéance, s'ils n'aiment mieux payer immédiatement. »

Pour bien comprendre cette disposition, nous devons faire plusieurs distinctions. Une lettre de change étant tirée par Primus sur Secundus au profit de Tertius, Secundus, le tiré, tombe en faillite avant d'avoir accepté la lettre de change. Tertius va faire le protèt faute d'acceptation ; en vertu de l'article 120 du Code de commerce, il peut exiger de Primus une caution pour assurer le payement à l'échéance, et, au cas de refus de Primus de donner caution, il peut lui demander immédiatement le payement du montant de la lettre avec tous les frais du protèt. Cette hypothèse n'est pas prévue par l'article 444, l'article 120 y ayant suffisamment pourvu. Supposons, en second lieu, la faillite de Secundus survenue après son acceptation ; comme en vertu de l'article 118 du Code de commerce, le tireur, Primus, est garant du payement à l'échéance, l'article 444—2° dérogeant en cela à la règle de son premier alinéa, permet à Tertius ou à tout autre porteur de demander à Primus caution pour le payement à l'échéance ou le payement immédiat. Cette exception ne figurait pas dans le premier projet de la loi de 1838 ; mais elle fut adoptée à la suite d'un amendement présenté à la Chambre des députés. Une pareille décision n'est pas facile à justifier. Le motif pour lequel la Chambre l'a admise, et qui consiste à dire qu'en décidant autrement on se mettait en contradiction avec l'article 163 du Code de commerce qui permet au porteur, en cas de faillite de l'accepteur, de faire immédiatement le protèt et de demander le payement, ne la justifie pas complétement ; car rien n'empêchait le législateur de modifier l'article 163. La question de législation reste donc entière.

Si un terme a de l'utilité pour un débiteur quelconque, il est bien plus utile et même indispensable à un débiteur commerçant ; souvent une question de délai est pour son commerce une question de vie et de mort. Lorsqu'une personne tire une lettre de change, elle contracte deux obligations, l'obligation de faire accepter la lettre par le tiré (art. 118 C. com.), et, une fois la lettre acceptée, l'obligation de la faire payer à l'échéance, et en cas de refus de la part du tiré de la payer lui-même. Dans notre espèce, Primus a rempli sa première obligation ; quant à la seconde, il ne refuse pas de la remplir ; mais il demande qu'on lui laisse, pour exécuter cette obligation, le délai qu'il avait stipulé en contractant. Les articles 163 et 444. 2° du Code de commerce le forcent à donner une caution, s'il n'aime mieux payer immédiatement. Voila donc Primus dans un véritable embarras ; il n'est pas toujours facile de trouver une caution ; il n'aura peut-être la somme à payer que plus tard. Primus est donc très-maltraité, cela surtout quand Tertius a accepté Secundus pour débiteur et que Primus n'a été considéré par lui que comme une caution. Ce qu'on peut dire en faveur du système de la loi, c'est que l'effet de commerce joue dans le commerce un rôle très important. On accepte toujours une lettre de change, un billet à ordre, à la place d'argent comptant, parce qu'on est sûr de pouvoir s'en servir comme de l'argent même ; on n'a pour cela qu'à faire un simple endossement. Si Tertius a accepté cet effet, c'est parce qu'il comptait pouvoir payer avec ses propres créanciers ; or quel est le créancier qui voudrait recevoir en payement un billet dont le souscripteur se trouve en faillite? Voilà donc Tertius privé de cette faculté ; ses créanciers le pressent ; si cet effet restait impayé entre ses mains, cela pourrait amener sa ruine. C'est là le vrai motif de la disposition de la loi qui, paraît-il, était déjà suivie dans la pratique ; car l'auteur de l'amendement, pour le soutenir, s'exprime ainsi : « Toutes les fois que c'est l'accepteur qui fait faillite, le porteur ne manque jamais de demander un autre accepteur ou une caution. C'est qu'en effet, si c'est l'accepteur qui est tombé en faillite, il n'y a plus d'espoir d'être payé à l'échéance ; ce qu'il y a de mieux à faire en matière commerciale, c'est de consacrer ce que l'instinct et l'expérience du commerce lui ont inspiré. »

L'article 444 prévoit un troisième cas, celui où c'est le tireur qui tombe en faillite. Dans ce cas, comme tous les endosseurs garantissent la solvabilité du tireur, l'ancien article 448 les obligeait à donner caution ou à payer. Notre article 444. 2° ne leur impose cette obligation qu'autant que la faillite du tireur arrive avant l'acceptation du tiré. Cette distinction de la loi est fortement critiquée ; elle ne s'appuie sur aucune base et, comme le fait observer Bravard, le porteur, au lieu de trouver un avantage dans l'acceptation du tiré, en perd un, celui de pouvoir demander caution aux endosseurs, dans le cas de faillite du tireur. La position dans laquelle le porteur va se trouver, en cas de faillite du tiré avant l'acceptation, est digne d'être remarquée. Il peut en demander caution aux endosseurs, ou demander l'acceptation au tiré ; il se trouve ainsi avoir le choix entre deux garanties.

Si nous supposons, en quatrième lieu, la faillite de l'un des endosseurs, comme les endosseurs postérieurs sont garants de ces endosseurs faillis, si l'on avait suivi le système admis par la loi en cas de faillite du tireur, on aurait dû obliger ces endosseurs à fournir caution. Ici cependant, le législateur de 1838, à la différence de ce qui avait lieu d'après l'ancien article 448, s'est conformé aux principes de pur droit civil. Le législateur a pensé qu'un effet dont le tireur ou l'accepteur est encore solvable peut très-bien circuler dans le commerce ; forcer les endosseurs suivants à donner caution, c'eût été prendre un excès de précaution.

Enfin une dernière hypothèse prévue par la loi, c'est le cas où le souscripteur d'un billet à ordre tombe en faillite ; elle décide que les endosseurs de ce billet doivent donner caution ou payer immédiatement, justement comme au cas de faillite de l'accepteur d'une lettre de change.

Lorsque, dans les différents cas que nous venons d'étudier, le payement est fait avant l'échéance, celui qui le fait ne peut pas déduire les intérêts de la somme ainsi payée, en raison de ce payement anticipé (tribunal de la Seine, 4 mai 1843, *Droit*, 1843, 30 mai).

D'après l'article 1913 du Code civil, le capital de la rente perpétuelle devient exigible par la faillite du débiteur de cette rente. Nous n'avons là qu'une application de l'article 1188 du Code civil. Suivant M. Proudhon (*Domaine privé*, 1, 232), ce capital devient exigible, non-seulement à l'encontre du débiteur failli, mais aussi à l'encontre de sa caution. La caution ne peut pas garantir une rente qui n'existe plus. Cette opinion, qui a pour elle une décision judiciaire (V. Sirey, 58, 2, 427), nous paraît inadmissible. Il serait trop dur pour la caution qu'on pût lui demander le capital, lorsqu'elle ne s'est engagée qu'au payement des arrérages. La Cour d'Angers, par arrêt du 12 juin 1818 (Sir., 18, 1, 211), a permis à un vendeur d'immeuble moyennant une rente perpétuelle de demander la révision de la vente en cas de faillite de l'acheteur.

Terminons, sur l'article 444, en signalant les mots « *à partir du jour du jugement.* » La loi de 1838 a modifié par là l'article 448 du Code de commerce qui disait : « *à partir de l'ouverture de la faillite,* » et tranché ainsi les difficultés qui s'étaient élevées là-dessus.

§ 4. *Cessation du cours des intérêts des sommes dues par le failli.*

Article 445 du Code de commerce. « Le jugement déclaratif de la faillite arrête, à l'égard de la masse seulement, le cours des intérêts de toute créance non garantie par un privilége, par un nantissement ou par une hypothèque. » Il y a ici une mesure de protection des petites dettes vis-à-vis des grosses, pour que les premières ne soient pas absorbées par les intérêts des secondes. Il y a encore là une mesure de simplification de la procédure. Une fois la faillite déclarée, il faut qu'on puisse fixer, une fois pour toutes, les droits de chacun des créanciers. On arrive ainsi, en quelque sorte, à neutraliser les effets de la déchéance de terme; mais le plus souvent, en fait, il n'y a là qu'une compensation bien imparfaite. .

La cessation des cours des intérêts n'a lieu qu'à l'égard de la masse; le failli ne peut pas l'invoquer. Ainsi, lorsque le failli voudra obtenir sa réhabilitation, il devra, pour cela, payer toutes ses dettes, avec tous les intérêts, même ceux échus depuis le jugement déclaratif de faillite. De même, les intérêts seront dus par le failli au cas où l'état d'union viendrait à se former; il ne sera définitivement libéré que lorsqu'il aura tout payé, capital et intérêts.

Souvent, en souscrivant un billet, on y ajoute au capital les intérêts qui seront dus jusqu'à l'échéance. Pourra-t-on, dans ce cas, déduire de la somme portée au billet une portion des intérêts proportionnelle au temps qui restait à courir jusqu'à l'échéance depuis le jugement déclaratif? La négative n'est pas contestée. Un amendement a été proposé en ce sens dans le cours de la discussion de la loi de 1838, mais il a été rejeté.

Les intérêts ne cessent pas de courir au profit des créanciers privilégiés ou hypothécaires, mais cela seulement autant que ces créances seront acquittées, en capital et intérêts, sur le prix provenant de la vente de l'objet servant de gage. Ici apparaît une difficulté d'application. Supposons que le bien vendu ait donné 30,000 fr.; la créance étant de 30,000 fr., il est encore dû des intérêts pour une somme de 1,800 fr. Le créancier hypothécaire peut-il, en vertu de l'article 1254 du Code civil, demander que le payement soit d'abord imputé sur les intérêts, pour venir ensuite, pour les 1,800 fr. de capital restant dus, s'inscrire dans la masse. Cette prétention ne serait pas fondée; elle serait contraire à l'article 445; car les intérêts seraient alors payés, non plus sur le prix de l'immeuble hypothéqué, mais sur les autres biens du failli.

Comment devons-nous appliquer ces derniers effets de la faillite au cas où il n'est dû que des intérêts, par exemple quand il s'agit des arrérages d'une rente? Dans ce cas, nous suivrons le système admis par la Cour de Bordeaux (arrêt du 26 mars 1841) et approuvé par M. Massé, d'après lequel on accorde au créancier de la rente le montant du capital correspondant aux arrérages, en réduisant ce capital au dividende payé par le failli, et l'on servira des arrérages proportionnels au capital ainsi réduit.

5. *Création, au profit de la masse, d'une hypothèque sur les biens du failli.*

Article 490-3° du Code de commerce. « Ils (les syndics) seront tenus aussi de prendre inscription, au nom de la masse des créanciers, sur les immeubles du failli dont ils connaîtront l'existence. » Article 517 du Code de commerce. « L'homologation conservera à chacun des créanciers, sur les immeubles du failli, l'hypothèque inscrite en vertu du troisième paragraphe de l'article 490. »

L'existence d'une hypothèque résultant, en vertu de l'article 490, du jugement déclaratif de faillite, a été vivement contestée par un grand nombre d'auteurs et par plusieurs décisions judiciaires. Le premier argument invoqué en faveur de cette opinion, c'est que l'article 490-3° a remplacé l'article 500 du Code de 1808. Lors de la discussion de cet acticle, il a été dit que sa disposition ne devait avoir d'autre but que de donner à la faillite une publicité plus grande, afin qu'en cas d'expropriation des biens du failli, la masse fût avertie pour venir veiller à ses intérêts. Il serait de plus difficile de trouver ici l'utilité d'une hypothèque; les droits qu'une hypothèque confère au créancier, le droit de suite et le droit de préférence ne peuvent pas se rencontrer ici. Le droit de suite n'est aucunement nécessaire aux créanciers; le jugement déclaratif dessaisissant le failli de ses biens, aucune aliénation ne peut être consentie par lui; il n'est donc pas nécessaire à la masse de recourir à un droit de suite, quand les syndics peuvent invoquer la nullité de la vente. Quant au droit de préférence, il suppose deux ou plusieurs créanciers, dont un serait préféré aux autres. Or, en cas de faillite, tous les créanciers sont égaux; aucun d'eux ne peut être préféré aux autres; il serait, en outre, difficile de déterminer la nature de cette hypothèque. On ne peut pas dire que c'est une hypothèque conventionnelle; car aucune convention n'est intervenue entre le failli et ses créanciers. On ne peut pas dire davantage que c'est une hypothèque légale, car ce qui constitue une hypothèque légale, c'est qu'elle résulte de la seule disposition de la loi; enfin, ce n'est pas non plus une hypothèque *judiciaire*, car une pareille hypothèque ne peut résulter que d'un jugement portant condamnation, et le ju-

gement.déclaratif de faillite n'est pas un jugement de condamnation. Le doute ne serait plus possible, en présence
de l'article 517 du Code de commerce où nous voyons une
véritable hypothèque créée au profit de chacun des créanciers, pour la garantie du dividende stipulé dans le concordat, hypothèque qui résulterait, non pas du jugement déclaratif de faillite, mais du jugement d'homologation du
concordat. L'article 517 exige, pour l'existence de cette
hypothèque, l'inscription prise par les syndics du jugement d'homologation. Si l'article 400-2° créait une hypothèque au profit de la masse, à quoi bon une seconde hypothèque? A quoi bon encore une seconde inscription?
(Bourges, 20 août 1832; Cass. 22 juin 1841; Sir., 33, 2,
641. 41, 1, 723.)

Malgré tous ces arguments, on tend aujourd'hui à reconnaître ici une véritable hypothèque, dont l'utilité n'est
pas difficile à constater. Nous n'avons qu'à supposer le
failli remis à la tête de ses affaires après un concordat; si
ce failli consent des aliénations totales ou partielles sur ses
biens, les créanciers antérieurs à la faillite pourront attaquer ces aliénations. Ce seul cas suffirait pour démontrer
l'utilité de l'hypothèque et pour en justifier la création.

Mais l'utilité de cette hypothèque est plus grande encore
dans un cas qui se présentera plus souvent. Supposons une
succession ouverte au profit du failli. En vertu de l'article 2111
du Code civil, les créanciers et les légataires de la succession peuvent demander la séparation des patrimoines. Si
ces créanciers et légataires prennent inscription sur chacun
des biens de la succession dans les six mois qui suivent
l'ouverture de cette succession, ils priment sur ces biens
tout créancier de l'héritier failli. Si l'inscription n'est prise
qu'après les six mois, alors le droit de préférence des créanciers et légataires dégénère en simple droit d'hypothèque.

Revenant à notre question nous dirons que l'hypothèque est nécessaire à la masse, pour le cas où les créanciers ou légataires de la succession demandant la séparation des patrimoines n'auraient pris inscription qu'après les six mois qui suivent l'ouverture de la succession ; dans ce cas les créanciers du failli primeront les créanciers ou légataires de la succession. Ce cas s'est souvent présenté dans la pratique, et il s'est trouvé des arrêts qui, partant de l'idée que l'article 400 3° n'établit pas une hypothèque, ont refusé à la masse le droit de venir sur les biens de la succession avant les créanciers ou légataires de cette succession, tardivement inscrits. Quant à la nature de cette hypothèque, quand même il serait difficile de la déterminer, on ne pourrait pas faire de cette difficulté un argument pour contester l'existence de l'hypothèque. L'article 517, loin de nous embarrasser, vient confirmer notre système. Lisons-le : « L'homologation *conservera..... l'hypothèque inscrite en vertu du 3ᵉ paragraphe de l'article 400.* » Si jamais article de loi a été clair et précis, c'est bien celui que nous venons de citer. L'homologation *conserve* l'hypothèque ; or, pour qu'une chose puisse être *conservée*, il faut que cette chose existe ; si l'homologation conserve l'hypothèque, c'est que cette hypothèque existait déjà avant cette homologation. Quelle est cette hypothèque? C'est celle de l'article 400, 3°, répond l'article 517. Seulement cette hypothèque qui existait au profit de toute la masse se divise à partir de l'homologation du concordat, c'est-à-dire à partir du jour où le montant de chaque créance garantie est déterminé. Il est tellement vrai que l'article 517 ne crée pas une nouvelle hypothèque, qu'on ne la soumet pas nécessairement à une nouvelle inscription ; car l'obligation pour les syndics de prendre inscription cesse, lorsqu'il a été convenu par le concordat que cette inscription ne serait pas prise. Notons encore que l'article 517 n'impose aucun délai pour prendre l'inscription. Tout nous porte donc à admettre une hypothèque créée par le 3° de l'article 490 (Paris, 24 avril 1861, Besançon, 16 avril 1862. Dijon, 5 août 1862. Paris, 27 mai 1865. Sir. 65. 2. 227).

Quelle est la nature de cette hypothèque? C'est là une question plutôt théorique que pratique et sur laquelle nous n'insisterons pas. Conformément à l'opinion enseignée par notre savant maître, M. Valette, nous voyons ici une hypothèque judiciaire, résultant d'un jugement, mais avec cette particularité que ce n'est pas d'un jugement portant condamnation (*Revue de droit français et étranger*. VI, 978.- Dijon, 5 août 1862, déjà cité. Cet arrêt infirme un jugement du tribunal de Châlons-sur-Saône qui avait jugé qu'il y avait ici une hypothèque *légale*).

§ 6. *Fin du Mandat.*

D'après l'article 2003, 4° Code civil, le mandat prend fin par la déconfiture, soit du mandant, soit du mandataire. Tout le monde se trouve d'accord pour appliquer cette règle au cas de faillite du mandant ou du mandataire ; car, comme on l'a souvent dit, la faillite est la déconfiture des commerçants. Cette décision existait déjà dans l'ancien droit Italien (Rote de Gênes déc. 2, n° 31. Casaregis. Disc. 152, n°° 4. 5) et était aussi appliquée en France. D'après les articles 2008 et 2009 Code civil, si le mandat a pris fin par la mort du mandant ou autre cause, tout ce qui a été fait postérieurement en vertu de ce mandat, sera valable à l'égard du tiers de bonne foi. Malgré l'effet du jugement déclaratif qui se produit même à l'égard des tiers de bonne foi, nous devons décider de même au cas de faillite du mandant et cela parce que la faillite n'agit pas directement sur le mandataire, mais d'une manière indirecte en rendant le mandant incapable (V. arrêt de cass. 14 mars 1835, déclarant valide le jugement rendu contre un capitaine de navire qui a représenté le propriétaire, postérieur à la faillite de celui-ci. Dall. lep. cit. n° 505. V. en sens contraire Douai 22 décembre 1847, Sir. 48, 2, 180).

Si le mandant a pris fin par la faillite du mandataire, comme nous n'avons aucune disposition qui valide les actes passés de bonne foi, et comme, d'autre part, la faillite agit directement sur le mandataire, il faut annuler les actes passés même avec les tiers de bonne foi (Cas. 24 août 1847, Sir. 48, 1, 33).

Ce que nous venons de dire du cas où la faillite est survenue postérieurement à l'époque où le mandat a été donné, en ce qui concerne la validité des actes passés de bonne foi, ne peut plus se dire au cas où le mandat a été donné après la faillite du mandant. Cela est évident, le mandant n'a pas pu avoir un seul moment d'existence. En pratique la question s'est souvent présentée à propos de l'endossement en blanc fait par le failli et qui n'a été rempli qu'après la faillite. Il a été jugé que le payement effectué de bonne foi, lors même que la provision a été donnée est absolument nul (Amiens 29 juin 1813, Sir. 1815, 2, 74. Amiens 8 mars 1840, 42, 2, 121, Grenoble 12 mai 1855, Sir. 56, 2, 32. Cass. 11 décembre 1856. Bulletin des arrêts de Cass. 1857, page 232, Cass. 5 janvier 1864, Sir. 64, 1, 84).

Il a été encore décidé que le jugement prononcé sur un compromis conclu avant le jugement déclaratif sera valable, lors même qu'il a été rendu après cette époque (Cass. 15 février 1808, Sir. 8, 1, 106).

§ 7. *Création de la faillite.*

Nous touchons ici à une des questions les plus controversées, tant dans la doctrine que dans la pratique. Au premier abord, il semble qu'il ne puisse pas y avoir de doute ; car qui dit jugement déclaratif de faillite, dit jugement qui a pour principale conséquence la création de cet état qu'on appelle faillite, duquel découle tant de conséquences. Cependant il n'en est rien, et les opinions sont loin d'être d'accord.

Dans un premier système, on admet qu'il peut y avoir faillite sans aucune déclaration résultant d'un jugement. Dans une seconde opinion, on décide que les tribunaux civils ne peuvent reconnaître aucun effet à la faillite, tant qu'elle n'a pas été déclarée ; mais rien ne peut mettre obstacle à la poursuite du ministère public et à la répression devant les tribunaux criminels des délits résultant d'une faillite non déclarée. Enfin, un troisième système décide qu'aucun effet, soit au civil, soit au criminel, ne peut se produire, sans une préalable déclaration de faillite.

Occupons nous séparément de chacun de ces systèmes.

Premier système. Les tribunaux civils peuvent faire l'application des règles de la faillite dans l'espèce qui leur est proposée, sans qu'une déclaration préexistente soit nécessaire. Qu'est-ce en effet qu'une faillite ? L'article 437 du Code de commerce nous répond : « Tout commerçant qui cesse ses payements. » Nulle part nous ne trouvons joint à cet élément, la cessation des payements, un second élément, la déclaration de faillite ; donc ce n'est pas la déclaration qui forme la faillite, c'est la cessation des payements. La définition du Code est logique et conforme à la nature des choses ; un jugement ne fait que constater l'existence d'un droit, ou d'un fait, mais il ne le crée pas ; dire que la faillite résulte du jugement déclaratif, c'est attribuer au jugement la création de droits et d'obligations.

De là il résulte que du moment qu'un commerçant a cessé ses payements, sa femme ne pourra exercer sur ses biens aucune action, à raison des avantages portés au contrat de mariage, lorsque le mari était commerçant à l'époque de la célébration du mariage ou l'est devenu dans l'année (art. 464, C. com. cass. 15 novembre 1838. Montpellier, 10 mars 1834, Dall. faillite n° 57); la femme pourra voir restreindre son hypothèque légale en vertu de l'article 463 (Metz 20 décembre 1865. Sir. 66, 2, 281); la vente faite par le failli depuis la cessation des payements pourra être annulée, lorsque l'acheteur a connu l'état de vendeur (art. 447, C. com. cass. 8 juin 1837, 13 novembre 1838, Rennes 17 mars 1845, Sir. 37, 1, 930, 39, 1, 121, 1851, 2, 561). Aucune hypothèque judiciaire ne pourra venir frapper les biens du failli depuis dix jours qui précèdent la cessation de payements (art. 440 C. com. Grenoble 3 janvier 1842, Sir. 42, 2, 170). Faire dépendre la décision du tribunal civil d'une décision du tribunal commercial, c'est méconnaître le grand principe de l'indépendance des juridictions, et cela surtout quand le tribunal commercial, est le tribunal d'exception. Cette décision est encore conforme aux antécédents. Voici la décision donnée, par Casaregis. (Disc. 75 n°, 12 et 13) « *non indiget judicis declaratione, sed, deducitur et probatur et quibusdam firmissimis argumentis, puta propria confessione decocti quod nempe satisfacere ipse non potest creditioribus; an sollicitatione aliisque a decoctoribus consideratis.* » Et suivant Scaccia, c'était là encore la décision des statuts de Rome. « *Ad probandum quod communiter haberetur prodecocto, mandant sufficere publicam famam et communem opinionem. (De commercio et cambrio* § 2, Gl. 5. n° 445). » Les ordonnances de 1673 et 1703 disposant de même et c'est là encore ce qui était admis dans l'ancienne jurisprudence (Nicodème, *Exercice de commerce*, pag. 515). Le tribunal civil cependant ne peut pas appliquer une conséquence de la faillite dans les cas où le tribunal de commerce ne le pouvait pas non plus. Ainsi lorsqu'il s'agit d'une personne décédée, les effets de la faillite ne peuvent se produire pour le tribunal civil comme pour le tribunal de commerce, qu'autant que la demande fût faite dans l'année (cass. 4 décembre 1854, Sir. 55, 1, 230).

Deuxième système. — Le tribunal civil ne peut jamais faire application d'un effet de la faillite tant qu'elle n'est pas déclarée; mais rien n'empêche la poursuite de l'action publique et la décision d'un tribunal de répression. Les arguments invoqués à l'appui de la première proposition sont les mêmes que ceux invoqués en faveur du troisième système et nous y renvoyons. Exposons ici seulement ceux qu'on invoque pour la seconde proposition. Lorsque une infraction est commise il peut y avoir deux actions : l'action pénale, appartenant au ministère public; et l'action en réparation civile, appartenant à la partie lesée, elle peut être intentée soit en même temps que l'action publique, soit séparément. L'action publique est indépendante de l'action civile; rien ne peut y mettre obstacle. Cela est tellement vrai que l'article 4 Code d'instr. Crim. déclare que la renonciation à l'action civile ne peut pas empêcher l'action publique et l'article 2046 C. Civ., dit que la transaction ne peut pas arrêter l'action pénale. Faire dépendre l'action publique de la déclaration du failli c'est méconnaître tous ces grands principes sans lesquels l'ordre public serait ébranlé. Il est vrai qu'il y a des cas où l'on déroge à ces principes, mais ce ne sont là que des exceptions qui confirment la règle. Si les créanciers ne veulent pas poursuivre la déclaration de la faillite, le Ministère public se trouvera dans l'impossibilité de poursuivre la punition d'un délit, ou d'un crime.

Dans ce système si le prévenu banqueroutier simple ou frauduleux invoque pour sa défense, qu'il n'est pas commerçant, le tribunal de répression peut déclarer quelqu'un banqueroutier non-seulement au cas où la demande en déclaration n'a pas été faite, mais même au cas où la demande ayant été faite, le tribunal de commerce n'a pas déclaré la faillite, et par contre si à la suite d'une accusation de banqueroute le tribunal de répression a acquitté, le tribunal commercial peut toujours déclarer la faillite, car de ce que tel fait ne constitue pas la banqueroute ils ne s'ensuit pas qu'il n'y a pas faillite (Cass., mars 1857 ; sir 57, 1, 630.)

Troisième système. — Les tribunaux civils ou criminels ne peuvent faire aucune application des règles de la faillite, tant que cette faillite n'est pas déclarée. La faillite est un état de choses indivisible qui crée pour le failli une incapacité complète, dans laquelle il y a une masse de créanciers représentée par des syndics, chargés de l'administration des biens. Le premier caractère de la faillite c'est son indivisibilité. Il est impossible qu'une telle personne déclarée failli à l'égard des uns ne le soit pas à l'égard des autres. Cela est si vrai, que si nous supposons un créancier poursuivant la déclaration en faillite, et qu'il réusisse dans sa demande le jugement définitif peut être opposé à toute personne intéressée, quand même elle n'aurait pas figurée dans l'instance. La failli est donc l'état d'une personne que le tribunal de commerce a déclaré ne pouvoir plus continuer ses payements. L'article 440 du Code de commerce dit expressément que la faillite est déclarée par le jugement du tribunal de commerce. On a dit formellement quel a été le système de cette loi, « c'est d'exiger un ensemble de circonstances, une inexécution générale des engagements, et de les laisser à l'application du tribunal de commerce qui, éclairé par sa connaissance des habitudes et des affaires commerciales peut prononcer avec connaissance de cause sur cet ensemble de circonstances, qui établissent la cessation des payements, et l'inexécution des engagements du débiteur qui seules constituent la faillite (Rapport de la commission). » Les articles suivants ne portent que des effets qui ne peuvent avoir lieu qu'après un jugement de saisissement du failli, cessation des poursuites, perte du terme, cessation des intérêts, tout dépend du jugement déclaratif. C'est toujours à la suite du jugement que l'époque de la cessation des payements est fixée, pour annuler certains actes; comment appliquerons-nous l'article 447 qui laisse à la faculté du juge d'annuler certains actes passés entre la cessation de payement et le jugement déclaratif? Pourrait-on admettre qu'un acte soit annulé comme passé depuis la cessation de payements à l'égard des uns, et considéré comme valable à l'égard des autres. Il est vrai qu'un jugement ne crée pas des droits, mais ici le jugement ne crée pas la faillite, seulement la loi dit que la faillite ne peut être constatée qu'autant qu'elle est déclarée par le jugement du tribunal de commerce. Si on invoque les autorités de Casarégis et Scaccia il ne faut pas oublier que l'ancien droit Italien ne se prononçait pas d'une manière unanime en ce sens.

Voici d'après Stracha l'usage de la ville de Florence : « *Con-stitutionæ usux mercatorum florentix cavetur si debitor infra certam diem creditoribus non solverit, vel non satisfacerit, pronuncietur cessans.* » Telle était encore la décision de l'ancien statut de Gènes, d'après lequel la faillite devait être déclarée par le tribunal, soit par l'aveu du débiteur, soit par la demande de l'un de ses créanciers produisant trois témoins qui attestent que le débiteur était

caché ou absent, laissent en souffrance plus de 1,000 livres
de dettes. Voici encore comment Ansaldus s'exprime :
« *Cum nemo non sciat quod eadem decoctis tanquam
fundamentum exceptionis, vel per formulam cessionem
bonorum, vel per sententiam judicis declarata vel compro-
bata, debeat remanere.* » (Disc. 4, n° 6.) L'article 441 du
Code de 1808 a été rédigé sur l'observation faite au conseil d'État par Jaubert, conformément à l'avis des tribunaux de commerce de Gand et Montdidier, d'après lesquels l'autorité judiciaire constate la cessation de payements et la faillite. Nous venons de voir quelle a été aussi
l'intention du législateur de 1838, intention qui devient
plus manifeste par cela qu'on a accordé au juge pouvoir
plus grand pour la fixation de la cessation de payements.
Nous ne pouvons pas admettre, comme on l'a fait, deux sortes
de faillite, là où la loi n'en connaît qu'une seule. Comment
pouvons-nous connaître la faillite *simple* et la faillite *judiciaire?* Quels sont les effets de l'une, quels sont les effets
de l'autre ? Si les tribunaux civils ont la plénitude de juri-
diction, cela n'a lieu qu'autant qu'un autre tribunal ne lui
retire pas ce pouvoir; or nous sommes justement dans un
cas où une partie du pouvoir du tribunal civil a été accordée au tribunal de commerce. N'arriverons-nous pas à
des décisions contradictoires que le législateur a toujours
évitées en ayant un tribunal qui fixe la cessation à telle
époque et un autre tribunal qui la fixe à une époque
différente. Et si nous supposons qu'à la suite d'une déclaration de faillite le tribunal de commerce a fixé la cessation de payements à telle époque, ira-t-on jusqu'à dire que
le tribunal civil pourra en fixer une autre pour l'annulation ou le maintien d'un tel acte? Personne ne l'a soutenu.
Que devient alors la prétendue indépendance des juridic-

10

tions lorsque le tribunal civil sera lié par une décision du tribunal commercial.

Et nous allons encore plus loin. Nous dirons encore que le tribunal de commerce lie par sa décision, non-seulement le tribunal civil, mais le tribunal de répression. Par conséquent, si le tribunal de commerce a repoussé la demande en déclaration de faillite ou s'il n'a pas été saisi, aucune poursuite, aucune condamnation ne peut avoir lieu au criminel. Ce n'est pas le seul cas où l'action publique soit soumise à la décision d'un autre tribunal, ainsi dans le cas des articles 326 et 327 du Code civil, la loi ne soumet-elle pour la condamnation et même la punition d'un délit de suppression d'état à une décision préalable du tribunal civil statuant sur la question de filiation? De même les articles 182 du Code forestier et 60 de la loi sur la pêche fluviale ordonnent que si quelqu'un est poursuivi pour un délit et qu'il prétende être propriétaire de l'endroit où le délit a été commis, le tribunal de répression doit surseoir jusqu'à ce que la question de propriété soit jugée par le tribunal civil, quand la prétention du prévenu paraît avoir quelque chose de fondé .De même, la jurisprudence décide que si quelqu'un étant poursuivi comme bigame, il excipe de la nullité du premier mariage, le tribunal de répression devra attendre que la question de nullité du premier mariage soit jugée par un tribunal civil. Oui, il n'y a là que des exceptions mais quelle est leur raison, pourquoi les a-t-on créées? Tout le monde le sait, c'est pour éviter les contradictions dans les décisions judiciaires. Le législateur se méfie d'une décision judiciaire au criminel, où le juge peut former sa conviction d'après toutes sortes de preuves et on n'a pas voulu le laisser statuer sur des questions aussi délicates que la preuve d'une filiation, la question d'une propriété, l'existence ou la non-existence d'un mariage. Cela dit, ne serait-il pas choquant de voir un individu condamné comme banqueroutier, simple ou frauduleux, par le tribunal de répression, et à la suite d'une demande en déclaration de faillite le tribunal commercial refuser même de le déclarer failli? La question de savoir si tel ou tel individu est en état de faillite est-elle moins délicate qu'une question de filiation, de propriété, de nullité de mariage? On dit que l'action publique se trouverait en échec, qu'on la fera dépendre du caprice des créanciers ou des juges qui sont eux-mêmes commerçants. Mais en raisonnant ainsi, on oublie d'abord que la déclaration de faillite peut avoir lieu à la suite d'une demande faite d'office (art. 440 C. com.), et en second lieu, que le jugement déclaratif, comme tout autre, est susceptible d'appel. L'action publique ne sera donc jamais entravée. C'est pour ces motifs que nous nous prononçons dans cette grave question pour le troisième système, système qui, lui aussi, a des autorités puissantes, comme celles de MM. Demangeat, Lepoitvin et Delamarre.

CHAPITRE II.

DES EFFETS DU JUGEMENT DÉCLARATIF, QUANT AUX BIENS DU FAILLI, DANS L'ÉPOQUE QUI PRÉCÈDE LE JUGEMENT.

Très-souvent un commerçant qui prévoit l'approche de sa faillite cherche, soit à soustraire son patrimoine aux poursuites des créanciers, soit à avantager une partie des créanciers au détriment des autres. Comme c'était donner un trop grand pouvoir au juge que de lui permettre d'annuler tel ou tel acte passé à telle ou telle époque, le législateur a créé des règles suivant lesquelles certains actes sont d'avance présumés entachés de fraude, s'ils sont passés à une époque déterminée. Cette présomption de fraude entraîne leur annulation. En dehors de cette époque, si certains autres actes ont été passés, le législateur ne les présume pas d'avance entachés de fraude ; il laisse à l'appréciation du juge le droit de les annuler ou de les maintenir suivant qu'en fait, il les croira frauduleux ou non. La loi distingue donc deux sortes de nullités : nullités obligatoires pour le juge; nullités facultatives. Certains actes faits par le débiteur après l'époque fixée comme celle de la cessation de ses payements, ou dans les dix jours qui la précèdent, sont nuls et sans effet (art. 446). Certains actes faits après la cessation (art. 447), ou même dans les dix jours qui précèdent (art. 448), pourront être annulés. Ce délai de dix jours est arbitrairement fixé par le législateur, qui peut l'augmenter ou le diminuer, suivant les usages du pays.

Nous aurons à traiter successivement des actes passés par le failli, soit depuis l'époque de la cessation, soit dans les dix jours qui précèdent, consistant : dans une donation mobilière ou immobilière, dans un payement, dans la constitution d'un droit réel et dans le mode de le rendre public, et enfin pour tous les autres actes qu'on pourrait annuler.

§ 1. *Nullité d'une donation.*

Article 446 du Code de commerce. « Sont nuls et sans effets, relativement à la masse, lorsqu'ils auront été faits par le débiteur, depuis l'époque déterminée par le tribunal comme étant celle de la cessation de payements, ou dans les dix jours qui auront précédé cette époque :

« Tous actes translatifs de propriété mobilière ou immobilière à titre gratuit. »

La loi présume qu'une donation faite depuis les dix jours qui précèdent l'époque à laquelle est fixée par le tribunal la cessation de payements, est un acte tellement frauduleux, tellement inique pour les créanciers, qu'elle l'a déclarée nulle d'une manière absolue.

La donation est nulle qu'elle soit faite d'une chose mobilière ou immobilière. L'ancien article 441 ne parlait que de la donation d'un immeuble. On avait refusé d'appliquer sa disposition aux donations de meubles. Notre article 446 ne laisse plus de doutes possibles par les mots « propriétés *mobilières* ou *immobilières.* »

Une donation faite avant les dix jours, mais acceptée

seulement depuis, est-elle nulle en vertu de l'article 446?
Nécessairement oui. On pourrait douter, parce que dans ce
cas la fraude que l'article 446 veut déjouer n'est plus
possible; car, à l'époque où la donation a été offerte, le
donateur était dans un état légal de solvabilité; il est
vrai, pourrait-on encore ajouter, que si le donateur, en la
faisant, a voulu frauder ses créanciers, le juge pourra, en
vertu de l'article 1167, la fraude étant prouvée, annuler la
donation. Cependant la nullité est certaine. Une donation
ne peut être formée que quand elle est acceptée par le donataire; jusque-là, il n'y a qu'une offre, une pollicitation
ne produisant aucun effet, par laquelle le donateur n'est
en rien engagé, et qui peut être retirée. Cela est formellement dit par l'article 932 du Code civil. « La donation entre-
vifs n'engage le donateur et ne produit aucun effet que
du jour où elle aurait été acceptée en termes exprès. »
Donc la donation ne commence son existence que du moment qu'elle est acceptée, et comme l'acceptation n'est arrivée qu'à une époque où la donation ne pouvait pas se
former, donc elle est nulle.

Mais faut-il encore que la notification de l'acceptation du
donataire soit faite avant les dix jours qui précèdent la cessation de payements? La question revient à se demander si
la donation produit son effet à l'égard des tiers, avant que
la notification soit acceptée? En droit civil, on se demande
si la donation produit son effet avant l'acceptation même
à l'égard du donateur; mais cette question ne peut pas se
présenter ici, car toutes les nullités dont nous nous occupons
ne sont créées que dans l'intérêt de la masse; le failli ne
peut pas en exciper. Mais que dire à l'égard des créanciers
du failli? Nous renvoyons la question, afin de la traiter en
même temps avec celle de savoir si la donation doit être

transcrite avant les dix jours pour qu'elle soit valable, car de la solution de celle-ci dépend l'existence même de l'autre question.

Il ne faut pas s'attacher aux mots, *actes translatifs de propriété* de notre article; car une donation, quand même elle consisterait dans une remise de la dette ou dans la création d'une obligation de la part du failli, tombera néan-moins dans l'application de notre règle.

Faut-il, au point de vue qui nous occupe, assimiler à une donation l'institution contractuelle ou la constitution de dot? Pour l'institution contractuelle, il existe deux systèmes. Dans une première opinion, on ne soumet pas à l'article 446 l'institution contractuelle. L'institution con-tractuelle n'est pas une donation ordinaire; son nom l'in-dique; elle est faite dans le but de permettre au donataire de soutenir les charges du mariage. Le donataire a des obligations qu'il n'aurait pas prises si la donation n'avait pas été faite, et ce qui nous prouve que ce n'est pas une donation ordinaire, c'est qu'en vertu de l'article 959 du Code civil, les donations en faveur du mariage ne sont pas révocables pour cause d'ingratitude; et l'article 960 ajoute qu'elles ne sont pas même révocables pour cause de sur-venance d'un enfant légitime, lorsqu'elles sont faites par les ascendants aux conjoints, ou par les conjoints l'un à l'autre. Malgré tout cela, notre opinion est qu'une pareille donation, faite depuis les dix jours qui précèdent la cessa-tion de payements, est nulle en vertu de l'article 446 du Code de commerce. Si ces donations ont des règles spéciales en faveur du mariage, elles n'en sont pas moins des donations soumises au rapport et à la réduction (art. 1090 C. civ.). Et pour celui qui fait l'institution, il est évident qu'il procure un avantage sans qu'il en reçoive l'équivalent.

La même question se présente pour la dôt, et notre

opinion est ici la même, tant à l'égard de la femme qu'à
l'égard du mari. La constitution d'une dot est un acte à
titre gratuit. Si les Romains décidaient autrement (L. 25,
SS 1 et 2, *Quæ in fraud.*) pour l'application de l'action
Paulienne, c'est qu'ils croyaient un peu dur pour le mari
de le forcer à restituer ce qu'il avait reçu quand il était de
bonne foi, tandis que pour les nullités en matière de
faillite la mauvaise foi n'est nullement exigée. De ce que
l'article 1440, du Code civil exige que le constituant soit
encore garant de la constitution de dot, et qu'il doive les
intérêts du jour de la célébration du mariage (V. 1548 et
1549 C. civ.), il n'en résulte pas que la dot ne soit un
acte à titre onéreux, soumise aux autres règles des actes à
titre onéreux, et par conséquent nulle, lorsqu'elle a été
constituée depuis les dix jours qui précèdent la cessation
des payements. (En ce sens, Grenoble 3 février 1842; Rennes
10 juillet 1843; Montpellier, 6 avril 1842; Dalloz, Faillite,
n° 277. Jugé au contraire que c'est un acte à titre onéreux,
seulement à l'égard du mari, Cass. 25 février 1845; Dalloz, n° 275. Jugé que c est un acte à titre onéreux à l'égard
des deux époux, Bourges, 9 août 1848; Sir., 48,1. 503).

Tout ce que nous venons de voir pour les donations entre-
vifs n'a plus d'application pour les donations testamen-
taires; car les donations ne peuvent s'exécuter qu'autant
que tous les créanciers de la succession ont été payés.

§ 2. *Du payement fait par le failli depuis les dix jours qui précèdent la cessation des payements.*

Article 446 du Code commerce. « Sont nuls .... Tous
payements, soit en espèces, soit par transport, vente,
compensation, ou autrement, pour dettes non échues,

et pour dettes échues, tous payements faits autrement qu'en espèces ou effets de commerce. »

Article 447. « Tous autres payements faits par le débiteur pour dettes échues.... après la cessation de ses payements et avant le jugement déclaratif de faillite, pourront être annulés si, de la part de ceux qui ont reçu du débiteur, ils ont eu lieu avec connaissance de la cessation de ses payements.

Article 449. « Dans le cas où des lettres de change auraient été payés après l'époque fixée comme étant celle de la cessation de payement, et avant le jugement déclaratif de faillite, l'action en rapport ne pourra être intentée que contre celui pour le compte duquel la lettre de change aura été fournie.

« S'il s'agit d'un billet à ordre, l'action ne pourra être exercée que contre le premier endosseur.

« Dans l'un et l'autre cas, la preuve que celui à qui l'on demande le rapport, avait connaissance de la cessation de payements à l'époque de l'émission du titre devra être fournie. »

Comme nous l'avons déjà dit, l'égalité entre les créanciers, en cas de faillite du débiteur, est un des principes que doit consacrer le législateur. Si un payement est fa avant l'échéance, ou s'il consiste à donner autre chose que ce qui est dû, et cela depuis la cessation des payements, ou dans les dix jours qui la précèdent, l'article 446 voit ici un acte par lequel on arrive à méconnaître cette égalité, et il déclare absolument nulle cette opération, qu'il y ait bonne ou mauvaise foi. Telle est l'idée exprimée par le troisième alinéa de l'article 446.

La première question qu'on a à résoudre, c'est de savoir ce qu'on entend par *dette échue*. Une dette échue est, comme on l'a dit, une dette dont le créancier a le droit de

emander l'exécution en justice. Cela rencontre des diffi-
ultés en pratique. Ainsi, on se demande si un terme étant
accordé au failli, s'il use de la faculté accordée par le billet
e payer avant l'échéance en déduisant l'escompte, y a-t-
payement d'une dette échue? Suivant M. Massé (t. I,
n° 1222), ce payement, fait sans aucune fraude, est valable,
ne pareille convention ne peut rien avoir d'illicite. Il y a
une convention dont on ne peut qu'user. Cette opinion n'est
pas admise. La loi a voulu annuler tout acte qui pourrait
evenir frauduleux, sans laisser voir si, en fait, cette fraude
a été, est ou non commise. Or il est évident que, dans notre
hypothèse, la possibilité de fraude existe, et cette possibilité suffit pour annuler le payement.

A plus forte raison nous annulons le payement effectué
en vertu d'une convention postérieure modifiant la première, lorsque le terme fixé dans la première n'était pas
expiré au moment du payement.

Très-souvent, en pratique, on paye à présentation une
traite payable à un certain nombre de jours de vue; si ce
payement a été effectué dans la période indiquée par l'ar-
icle 446, il est nul (Orléans, 15 janvier 1859; Cass. 26 juill.
1859; Sir., 509, 1, 603). On a invoqué, pour valider le
payement, la pratique presque constante d'après laquelle
ces effets sont payés à la première présentation; mais on a
répondu que cela ne peut soustraire ce payement à l'application de notre article. La dette n'est pas échue et, ce qui
le prouve, c'est que le payement se fait toujours en déduisant l'escompte; donc nous avons là un payement anticipé
et comme tel, nul en vertu de l'article 446.

Un arrêt de la Cour de Lyon (10 juillet 1862; Sir., 62,
2, 543) décide que, pour annuler le payement, il faut qu'il
soit fait à la suite d'une convention légitime; que si, par
conséquent, le failli par escroquerie, s'est fait livrer des

marchandises qu'il s'engage à payer dans un certain délai, et qu'il soit condamné pour escroquerie, la restitution des marchandises faite avant l'échéance de son obligation dans les dix jours qui précèdent la cessation des payements ne tombe pas sous le coup de l'article 446.

Suivant un arrêt de la Cour de Bourges (7 mai 1845; Sir., 46, 2, 270), lorsque le souscripteur d'un billet retire ce billet en le payant au porteur, il ne fait pas un payement nul. Il nous paraît bien difficile d'admettre une pareille décision. L'arrêt cité reconnaît lui-même que cela peut être fait pour éluder l'article 446; on devra donc annuler l'opération; la nullité est proclamée, non pas pour les actes réellement frauduleux, mais pour ceux qui ont pu l'être, et du moment qu'on reconnaît qu'un pareil acte pouvait être frauduleux, on doit forcément le déclarer nul.

L'article 446 annule même le payement des dettes échues, lorsqu'il est fait autrement qu'en espèces ou effets de commerce, c'est-à-dire lorsqu'il s'agit d'une dation en payement ou d'une compensation conventionnelle. La loi suspecte beaucoup plus une dation en payement qu'un payement. Cela s'explique fort bien, attendu que les commerçants ordinairement ne payent qu'avec de l'argent ou des effets de commerce qui tiennent lieu de monnaie.

La loi s'exprime mal quand elle dit que le payement fait autrement qu'en espèces ou effets de commerce est nul. Si on la prenait à la lettre, on devrait annuler un payement fait avec un objet qui lui-même est dû. Un pareil payement est parfaitement valable; la loi ne veut annuler que le payement consistant en une autre chose que ce qui est dû (Lyon, 31 mai 1847; Sir., 48, 2, 351).

Comme nous l'avons dit dans notre article, il s'agit d'une compensation conventionnelle, et non pas d'une compensation légale qui pourra s'accomplir sans difficultés. La compensation conventionnelle peut avoir lieu lorsque les deux créances, ou l'une d'elles, n'étant pas exigibles, on renonce au terme non encore échu. Souvent, pour éviter l'application de notre règle, on se sert de l'intermédiaire d'une troisième personne. Ainsi le failli Primus doit à Secundus une somme quelconque; Secundus, lui aussi, doit une somme à Tertius et une autre somme à terme à Primus. La créance exigible de Secundus ne pouvant pas se compenser avec ce qu'il doit, Primus fait semblant d'acheter à Tertius la créance qu'il a contre Secundus, moyennant le prix de la créance de Secundus contre Primus. Les deux dettes deviennent ainsi exigibles, et la compensation s'opère. Toutes les fois que le juge se trouvera en face d'une pareille opération, il devra l'annuler (Paris, 18 janvier 1865; Sir., 65, 2, 281).

Le payement, même par marchandises, est valable lorsqu'il est fait pour éteindre une dette résultant d'un compte courant. Ainsi Primus et Secundis se trouvent en compte courant; Primus doit 100 à Secundus, il lui envoie, depuis les dix jours qui précèdent la cessation de payement, des marchandises pour 150, dont 100 lui servent à éteindre la somme due; une pareille opération est parfaitement valable. Le compte courant, quoique composé de plusieurs opérations, ne forme qu'une seule convention indivisible dans ses parties. Notre espèce a été même prévue dans la discussion de la nouvelle loi, et il y a été décidé que l'article 446 ne frappe pas ici le payement. (Duvergier. *Collection des lois*, XXXVIII, p. 374. Ainsi jugé Cass. 14 avril 1863 (63, 5, 313). Mais il a été décidé que le payement sera nul dans le cas où les marchandises envoyées n'étaient pas l'objet de la convention primitive, mais qu'elles ont été envoyées pour être vendues, et le prix servir de payement (Grenoble, 13 août

1848; Cass. 30 mai 1848; Sir., 48, 2, 328; 49, 1, 301).

Quoique le warrant soit un effet de commerce, cependant un payement fait par la cession d'un warrant est nul, car il y a un véritable payement avec marchandises, le warrant n'étant que la représentation de la marchandise. Mais, par contre, le payement fait avec un bordereau attestant le dépôt d'une somme à la caisse des dépôts et consignations, est un payement valable, comme s'il était fait avec des effets de commerce.

La Cour de cassation (arrêt du 3 avril 1847; Dalloz, Juris.,Faillite,293) a jugé quesi le payement en marchandises s'opère par suite d'une opération de commerce qui a été faite dans les conditions de publicité ordinaire, il n'y aura pas lieu à l'annuler.

On annulait encore l'attribution faite à la femme du mobilier de la communauté en payement de ses reprises (Cass. 24 juin 1854; Metz, 12 juin 1855; Sir., 54, 1, 166; 55, 2, 464).

Le payement, par la cession d'une créance civile, ne peut pas être confondu avec le payement par un effet de commerce; il est par conséquent nul. Il faut encore annuler le payement fait moyennant une délégation faite par le failli de son propre débiteur (Orléans, deux arrêts, 1er février 1852; Sir., 52, 2, 661).

Le payement d'une dette échue, moyennant une somme d'argent ou un effet de commerce, peut être annulé par le juge, en vertu de l'article 447, s'il a été fait depuis la cessation de payements, dans le cas où l'*accipiens* avait connaissance de cette cessation. Ici l'annulation n'est plus obligatoire, mais seulement facultative pour le juge, qui a encore à voir si, en fait, outre la connaissance de la cessation des payements, il y avait intention frauduleuse. Notons que le payement n'est annulé que lorsqu'il est fait depuis la cessation ; car on ne peut pas avoir connaissance d'un état qui n'existe pas encore.

Nous avons dit que lors même que la connaissance de celui qui avait reçu le payement serait prouvée, le juge a la faculté d'annuler ou non le payement. Cette opinion n'est pas unaniment adoptée. L'article 447 se sert du mot *pourront*, à la différence de l'article 446 qui dit *seront*. Si l'on a rejeté l'amendement qui proposait de mettre *seront* à la place de *pourront*, l'idée du législateur a été que l'appréciation du juge existera seulement en ce qu'il aura à rechercher si l'acte a occasionné ou non un préjudice à la masse ; or le payement occasionne, presque toujours, un pareil préjudice ; une fois le préjudice déterminé, le juge sera tenu d'annuler l'acte (Orléans, 20 mai 1868; Sir., 69, 2, 48. Jugé que la simple connaissance suffit pour autoriser le juge à annuler l'acte, Lyon, 2 mai 1849 ; Cass. 30 juillet 1850 ; Sir., 50, 1, 641.) Nous persistons dans la première opinion. Ce qui a été dit dans les discussions de la loi n'est pas suffisant pour changer un texte si précis que l'article 447 ; rien ne nous fait croire que le législateur ait voulu restreindre l'appréciation du juge dans les limites qu'on veut lui tracer.

Ce que nous venons de dire pour le payement, nous le dirons pour tout autre acte à titre onéreux qui pourrait être annulé.

La question de savoir si le préjudice étant prouvé, le juge a ou non la faculté d'annuler l'acte, peut faire un motif de cassation ; mais du moment qu'on admet que le juge peut ne pas annuler l'acte, la question de savoir si l'acte est ou non frauduleux échappe au contrôle de la Cour de cassation (Cass. 30 juillet 1850 ; 17 août 1861 ; Sir., 50, 1, 64; 61, 1, 609).

Si le payement est annulé en vertu de l'article 447, les intérêts devront être rapportés du jour où le payement a été reçu ; si, au contraire, le payement est nul, en vertu de l'article 446, il y aura à chercher, en fait, s'il y a eu ou non mauvaise foi, pour condamner à la restitution des intérêts (Cass. 2 juillet 1834 ; Nancy, 11 juin 1840 ; Dalloz, n° 321).

D'après l'article 585, 4° du Code de commerce, le commerçant doit refuser de payer après la cessation des payements une dette échue ; sans quoi, il s'exposerait à être poursuivi comme banqueroutier simple.

Tout ce que nous venons de dire, sur le payement en espèces ou effets de commerce, n'a pas d'application, si le payement effectué était celui d'un billet à ordre ou d'une lettre de change. L'article 449 contient d'autres règles. Le payement, par rapport au porteur, est valable ; mais une action en recours est ici créée contre le premier endosseur, s'il s'agit d'un billet à ordre, contre le tireur ou donneur d'ordre, s'il s'agit d'une lettre de change, toutes les fois que cet endosseur, tireur ou donneur d'ordre a eu connaissance de l'état du failli, au moment où il a endossé, tiré ou donné l'ordre. La justification d'une pareille exception est facile à trouver. Le législateur veut assurer d'une manière plus énergique le payement d'un effet de commerce, dans l'intérêt du crédit, de telle sorte qu'on ne s'occupe plus de savoir si le porteur a été ou non de mauvaise foi. Ce qui justifie encore notre exception, c'est que le porteur a été forcé d'accepter le payement ; en effet, le porteur doit, pour pouvoir assurer son recours contre le tireur et les endosseurs, se présenter au tiré à l'échéance pour demander le payement, et ce n'est qu'au refus du tiré ou du souscripteur que le protêt peut être fait, dans les vingt-quatre jours au plus tard, et notifié aux endosseurs dans la quinzaine. Du moment que le débiteur offre de payer, le porteur doit le recevoir, car il ne peut plus protester. Et puis s'il fallait recourir contre les endosseurs ou le tireur, ce recours, qui ne pourra être exercé que plus tard, pourra préjudicier au porteur, qui trouverait les endosseurs ou le tireur devenus insolvables dans l'intervalle.

Cependant un recours est accordé aux créanciers pour faire rapporter la somme à la masse. Ce recours est donné contre celui pour qui l'effet a été créé ; car, en réalité, c'est à celui-là que le payement a été fait, c'est-à-dire contre le premier endosseur ; s'il s'agit d'un billet à ordre, contre le tireur ou le donneur d'ordre, en matière de lettre de change. Ce recours est accordé à la condition qu'il y ait eu mauvaise foi, non pas au moment où le payement a été effectué, mais au moment où le billet a été endossé, ou la lettre tirée (la loi, ici, ne distingue pas entre le tireur et le donneur d'ordre ; elle aurait dû dire pour le donneur d'ordre, au moment où cet ordre a été donné).

Voilà quel est le système de la loi. L'article 449 cependant a donné lieu à des difficultés pratiques. Ainsi on s'est demandé s'il faut appliquer l'article 449 au cas où l'effet a été payé à un autre qu'au porteur, par exemple à l'un des endosseurs qui l'avait déjà retiré de la main du porteur ? En second lieu, s'il faut appliquer l'article 449 au cas où c'est un autre que le tiré ou le souscripteur qui paye, comme l'endosseur ou le tireur ; enfin, que dire du cas où le payement a été fait même par le tiré, mais à une époque postérieure à l'échéance ? Disons quelques mots sur chacune de ces questions.

Un des endosseurs de l'effet ou même celui au profit duquel l'effet a été créé, en le supposant de bonne foi au moment de l'émission du titre, paye le tiers porteur, et retirant ainsi de la circulation l'effet qu'il avait aliéné, se présente au tiré ou au souscripteur pour être payé après l'époque de la cessation des payements; faudra-t-il appliquer l'article 449 et déclarer le payement valable où faudra-t-il, en appliquant l'article 447, le déclarer annulable à la volonté du juge, en supposant qu'au moment où ce payement aura été effectué celui qui l'a reçu était de mauvaise foi? La Cour de cassation, par son arrêt du 18 décembre 1865 (Sir., 66, 1, 137), a jugé que dans ce cas c'est l'article 447, et non pas l'article 449 qui est applicable, par la raison que, dans le cas au moins où c'est le premier endosseur ou le tireur qui reçoit le payement, il ne s'agit plus d'un tiers qui n'a jamais été en relation avec le failli, qui peut-être ne l'a pas même connu, mais d'une personne qui a traité directement avec lui. Donc les positions ne sont pas les mêmes. La raison de sécurité à donner aux effets de commerce n'existe plus, pas plus que la raison tirée de ce que le payement était inévitable et forcé. Nous avons de la peine à adopter ce système; il tend à faire la loi, par la création de distinctions qui ne sont fondées sur aucun texte. Ici, comme dans les deux espèces suivantes, nous préférons rester dans les termes mêmes de la loi.

La Cour de cassation, par le même arrêt, a refusé encore l'application de l'article 449 au cas où le payement est effectué, non pas par le tiré ou le souscripteur, mais par une autre personne, comme un endosseur ou le tireur, en se fondant sur les motifs qui ont été donnés dans la discussion de la loi de 1838. Mais, encore une fois, nous ne pouvons admettre de pareilles distinctions, et nous préférons la décision donnée par la même Cour, le 16 juin 1846 (Sir., 46, 1, 523), qui avait appliqué l'article 449 à l'espèce en question.

Enfin, dans les derniers temps, la Cour de cassation refuse d'appliquer l'article 449 au cas où le payement a été effectué par le tiré ou le souscripteur, ou par l'endosseur, mais à une époque postérieure à la déchéance, peu importe que le protêt ait été fait ou non. Le système consacré par trois arrêts du même jour (15 mai 1867; Sir., 67, 1, 191), et qui paraît dominer en jurisprudence, a été énergiquement défendu par M. Paul Pont. La première raison qu'on invoque, c'est que le motif donné à l'appui de l'article 449 n'existe plus ici. Le porteur n'est plus forcé de recevoir le payement du tiré; il peut s'adresser à l'endosseur qu'il choisira pour demander le payement, et du moment qu'il s'adresse à un de ses endosseurs ou à l'obligé, il entre dans la règle commune de tout créancier. En second lieu, le recours de l'article 449 ne peut plus avoir lieu dans le cas où le payement a été fait par un endosseur. Dans ce cas, en effet, nous ne sommes plus dans les termes de l'article 449, qui permet le recours contre celui pour qui le payement a été fait, où le tireur ou le premier souscripteur est tenu envers l'endosseur du défaut de payement à l'échéance, cela d'après le droit commun, et il est impossible de dire si le payement a été fait pour son compte. Malgré tous les passages cités par M. Paul Pont, de ce qui a été dit à plusieurs reprises dans la discussion de l'article 449, passages qui ne se rapportent qu'à l'impossibilité dans laquelle se trouve le porteur de recevoir le payement, nous ne pouvons pas approuver ce système, et nous déclarons qu'il tend, non pas à suivre la loi, mais à la refaire, et cela dans un sens défavorable au crédit. L'article 449, nous ne saurions trop le répéter, est des plus clairs; il ne fait aucune distinction. Rien ne nous indique que, en se plaçant sur le terrain de l'impossibilité pour le tiré de refuser le payement, ceux qui ont proposé l'article 449 aient voulu restreindre sa disposition à ce seul cas, ou ils n'ont fait qu'invoquer l'argument le plus saisissant pour faire réussir leur système. Nous répétons que le commerce souffrira ; car, en faisant des restrictions, le tiré sera moins sûr de voir son effet réalisé. Sur ces trois questions, notre opinion est la même; il faut appliquer simplement la loi, et ne pas chercher, par différents arguments, à restreindre son application.

§ 3. *Nullité des droits réels constitués sur les biens du failli depuis la cessation de payements ou dans les dix jours qui la précèdent, pour des dettes existantes à l'époque de cette constitution.*

Le failli peut avantager un des créanciers, non-seulement en le payant, mais aussi en lui constituant une sûreté réelle, en vertu de laquelle ce créancier pourrait passer avant les autres. La loi n'a pas pu laisser commettre une pareille fraude et, à cet effet, elle a d'abord prononcé la nullité absolue des droits constitués; elle s'est occupée encore du cas où les formes prescrites pour rendre publics de pareils droits ont été remplies à une époque trop éloignée de leur constitution, en laissant au juge la faculté d'annuler les inscriptions prises à cet effet. Nous avons à nous occuper séparément de chacune de ces nullités.

A. Code de commerce, article 446. « Sont nuls et sans effets, relativement à la masse, lorsqu'ils auront été faits par le débiteur depuis l'époque déterminée par le tribunal comme étant celle de la cessation de ses payements, ou dans les dix jours qui auront précédé cette époque,

« Toute hypothèque conventionnelle ou judiciaire et tout droit d'antichrèse ou de nantissement constitués sur les biens du débiteur pour dettes antérieurement contractées. »

Nous avons vu dans notre résumé historique de droit français l'origine de cet article 446. L'article 2146 du Code civil, en copiant l'article 5 de la loi du 11 brumaire an VII, est allé plus loin que l'ancien droit; car il annule non-seulement l'hypothèque, mais même l'inscription d'une hypothèque antérieurement constituée... « Elles (les inscriptions) ne produisent aucun effet, si elles sont prises dans le délai pendant lequel les actes faits avant l'ouverture des faillites sont déclarés nuls. » L'ancien article 443 du Code de commerce annulait l'hypothèque ou le privilége acquis sur un bien du failli dans les dix jours avant l'ouverture de la faillite, sans faire aucune distinction suivant que l'hypothèque ou le privilége devait garantir une dette préexistante ou une dette créé en même temps que ce privilége ou cette hypothèque.

C'était là un système trop rigoureux, qui ne pouvait s'expliquer que par une sorte de réaction contre les abus qu'on signalait à cette époque en matière de faillite, abus que le législateur voulait faire cesser. Ce système allait trop loin, il était injuste et en même temps fatal au commerce : injuste, car le plus souvent une pareille constitution est faite sans intention de fraude, et l'on ne peut pas la déclarer nulle *à priori;* fatal au commerce, car une personne hésitait à traiter avec un commerçant, quand elle se voyait menacée d'être privée d'une garantie qui l'aurait peut-être déterminée à contracter, et cela surtout lorsque, en annulant l'hypothèque ou le privilége, on divisait la convention et on maintenait l'obligation principale. De là de nombreuses réclamations, auxquelles la loi de 1838 est venue donner satisfaction en modifiant l'ancien système.

Aujourd'hui on distingue d'abord les sûretés réelles qui naissent de la loi et celles qui naissent soit d'une convention, soit d'une condamnation judiciaire. Quant aux premières, comme aucune fraude n'était à craindre, on ne s'en est pas occupé; mais pour les autres, on a fait une seconde distinction : toutes les sûretés créées pour garantir une dette déjà existante à l'époque de leur création, soit qu'elles résultent d'une convention, soit qu'elles résultent d'une décision judiciaire, sont déclarées nulles, lorsqu'elles ont été créées depuis la cessation des payements ou dans les dix jours qui la précèdent ; au contraire, on maintient ces sûretés si elles sont créées pour garantir une créance nouvelle, naissant en même temps qu'elles. Tel est en résumé le système du nouvel article 446.

Ici encore le législateur se sert des mots *cessation des payements*, en écartant les expressions pleines d'ambiguïté de l'ancien article 443 : *ouverture de la faillite*.

Nous avons dit qu'il s'agit ici de savoir si la dette existait au moment de la constitution du droit réel, et non pas si elle existait avant les dix jours qui précèdent la cessation des payements, comme on pourrait le croire à la lecture de notre article.

Que dire de la création d'une sûreté réelle, créée pour assurer le payement d'une dette future? Nous voulons parler du cas où un crédit étant ouvert jusqu'à concurrence de telle somme, et une hypothèque étant créée pour assurer le remboursement des sommes prises en vertu de ce crédit, le débiteur use d'une partie du crédit dans les dix jours qui précèdent la cessation des payements; l'hypothèque constituée antérieurement garantira incontestablement la somme prise dans le délai indiqué par l'article 446. De même, l'hypothèque garantira valablement les obligations résultant d'un compte courant ouvert antérieurement, mais dont les opérations ont continué dans les dix jours précédant la cessation de payements ou même après. Des autorités graves se sont prononcées contre ce système, et ont voulu que l'hypothèque fût de nouveau inscrite le jour où la somme garantie aura commencé à être due, et qu'elle ne prît nais-

sance que de ce jour, en se fondant sur ce que l'hypothèque n'étant que l'accessoire d'une obligation, ne peut pas
exister avant cette obligation. Mais on oublie que dans les
deux cas il n'y a qu'une seule opération indivisible; qu'une
fois le crédit promis, celui qui l'a ouvert ne peut pas se
refuser à exécuter son obligation; qu'il n'a pas pu, d'un
autre côté, être laissé au débiteur la faculté d'hypothéquer
à d'autres le bien affecté au remboursement du crédit, et
de faire disparaître ainsi la garantie sur laquelle le créancier devait compter.

Si l'hypothèque est constituée pour garantir une dette
échue, les termes de l'article 440 nous forcent à la déclarer nulle. Ainsi, si une pareille dette était payée, soit en
espèces, soit avec un effet de commerce, l'opération serait
valable; si le débiteur se contente de donner une hypothèque ou toute autre sûreté réelle, cette constitution sera
nulle. Une décision analogue était déjà donnée par le droit
romain.

L'hypothèque légale de la femme mariée ne peut pas
être soumise à l'article 440; mais que dire du cas où la
femme s'est obligée envers un créancier du mari en le su-
brogeant dans ses droits et actions, et cela depuis les dix
jours précédant la cessation de payements? Permettra-t-on
dans ce cas à la femme d'exercer son hypothèque sur les
biens du mari pour recouvrer la créance résultant pour
elle contre lemari, de l'obligation prise vis-à-vis du créancier de ce dernier? Si on lui refusait cette hypothèque,
ira-t-on jusqu'à annuler même l'obligation de la femme?
On soutient, dans une première opinion, qu'il faut annuler toute l'opération; mais dans une seconde opinion plus
rigoureuse pour la femme, on maintient la subrogation,
tout en ne permettant pas à la femme d'exercer son hypothèque. Pour nous, le meilleur système est celui qui se

contente d'appliquer tout simplement l'article 446 en se
renfermant dans ses propres termes. Quand il s'agit d'annuler certains actes qui devraient être valables d'après le
droit commun, on doit se tenir dans les termes mêmes de
la loi et l'on ne peut pas, en se fondant sur l'intention du
législateur, étendre la disposition de la loi à un cas non
prévu. Or l'article 446 ne parle que des hypothèques conventionnelles et judiciaires, donc les hypothèques légales
n'y sont pas comprises. En décidant ainsi, nous ne proté-
geons pas la fraude : car toutes les fois qu'on établira l'intention de la part de la femme d'avantager une partie des
créanciers de son mari, les autres créanciers auront contre
elle l'action en réparation du dommage occasionné, et
quand les créanciers avantagés auront été eux-mêmes de
mauvaise foi, on pourra parfaitement annuler les subro-
gations (Cass. 4 janvier 1847 ; Dalloz, n° 306 ; 7 novembre 1848 ; 15 mai 1850 ; 5 juillet 1860 ; 24 décembre 1860 ;
Colmar 20 novembre 1855 ; Sir., 49, 1, 121 ; 50, 1, 609 ;
61, 1, 93 ; 61, 1, 538. 55, 2, 58 ; Pour le premier système,
Poitiers, 14 janvier 1860 ; Nancy, 4 août 1860 ; Sir., 60,
2, 280 ; 60, 2, 197).

Avant la loi de 1863, on ne pouvait constituer un gage
qu'en donnant date certaine à l'acte de constitution. En cas
de faillite du constituant, la date certaine avait une importance capitale. La loi de 1863 a supprimé cette formalité ;
aujourd'hui on peut, en matière commerciale, constituer
un gage *omni modo* et la date de la constitution, pour
l'application de l'article 446, peut être prouvée également
par tous les moyens.

Il est assez difficile en fait de distinguer si l'endosseur
d'un warrant a voulu faire une cession, ou seulement constituer un gage. Dans le premier cas, si l'endossement a eu
lieu dans les dix jours qui précèdent la cessation de paye-

ments, pour payer une dette échue, l'opération sera valable; dans le second cas, au contraire, l'opération sera nulle, à cause de l'article 446. Pour mieux saisir la distinction, prenons deux espèces : Primus, le failli, a déposé des marchandises dans un magasin général; il endosse le warrant qui lui a été donné à un créancier déjà existant; dans ce cas, le warrant n'est pas un effet de commerce, celui à qui le warrant a été endossé a le droit de prendre les marchandises dans le magasin en garantie de ce qui lui est dû : l'endossement est nul; mais si nous supposons que Secundus, le déposant, se trouvant débiteur de Primus, le failli, il lui endosse le warrant, afin d'assurer le payement de sa dette et que le failli endosse le même warrant à un de ses créanciers en lui payant une dette échue. Nous avons là alors un payement avec un effet de commerce qui est parfaitement valable.

Quand il s'agit d'une hypothèque judiciaire, on se place, pour savoir si la dette est ou non antérieurement contractée, au moment où le jugement est rendu. Bravard, frappé de l'injustice qu'il y aurait à ce qu'un créancier, à cause de la lenteur de la justice, vit son hypothèque annulée, tandis qu'un autre créancier, qui aurait intenté une autre action le même jour, et pour qui la procédure aurait été moins lente, pourrait obtenir une hypothèque valable, Bravard, dis-je, propose de se placer au moment où l'action est intentée pour dire si la dette est ou non antérieurement contractée. Mais cette opinion n'a pas été admise; les termes de l'article 446 y résistent.

En expliquant l'article 446 nous n'avons parlé que de l'hypothèque; mais il faut donner la même décision pour la constitution d'un gage ou d'une antichrèse.

La constitution d'un droit réel est soumise encore à l'article 447; et tout ce que nous avons dit sur le payement, à propos de cet article 447, s'applique à la constitution d'un droit réel.

B. *Nullité des inscriptions des priviléges ou hypothèques.* Article 448. « Les droits d'hypothèque et de privilége valablement acquis pourront être inscrits jusqu'au jour du jugement déclaratif de la faillite.

« Néanmoins les inscriptions prises après l'époque de la cessation de payements, ou dans les dix jours qui précédent, pourront être déclarées nulles, s'il s'est écoulé plus de quinze jours entre la date de l'acte constitutif de l'hypothèque ou du privilége et celle de l'inscription.

« Ce délai sera augmenté d'un jour à raison de cinq myriamètres de distance entre le lieu où le droit d'hypothèque aura été acquis et le lieu où l'inscription sera prise. »

L'article 448 est encore une innovation de la loi de 1838. Nous avons vu comment, d'après l'article 2146 du Code civil, l'inscription était nulle quand elle avait lieu à une époque où la constitution d'hypothèque aurait été nulle, de sorte que si l'on constituait une hypothèque aujourd'hui, et que le lendemain, on prît inscription, cette inscription pouvait arriver trop tard. L'article 448 a fait cesser cet inconvénient, en déclarant l'inscription valable en principe; mais comme les tiers pouvaient être trompés, en ne voyant aucune inscription prise, l'article 448 fixe un délai de quinze jours à partir de l'acquisition du privilége ou de l'hypothèque, pendant lequel l'inscription sera parfaitement valable, et après lequel, si l'inscription a été prise depuis les dix jours précédant la cessation des payements, le juge a la faculté de la déclarer valable ou de l'annuler.

Occupons-nous successivement des priviléges et des hypothèques.

Pour les priviléges sur les meubles, aucune difficulté ne peut exister; aucune inscription n'était exigée, l'article 448 ne s'y applique pas. Pas de difficulté non plus pour les privilèges sur les immeubles que la loi dispense d'inscription ou de tout autre moyen de publicité.

Mais la difficulté commence avec le privilége du vendeur sur l'objet vendu, destiné à garantir le payement du prix (art. 2103-1° C. civ.). Le vendeur, pour la conservation de ce privilége, doit ou prendre une inscription, ou faire transcrire l'acte de vente, sauf dans ce cas l'obligation pour le conservateur de prendre d'office l'inscription. La loi du 23 mars 1855 accorde au vendeur, pour transcrire son acte, quarante-cinq jours depuis la vente, pendant lesquels aucun droit réel ne peut être acquis du chef de l'acheteur sur l'immeuble vendu. La question qui se présente est celle de savoir si l'article 448 du Code de commerce est applicable à la transcription de l'acte de vente, c'est-à-dire si, d'une part, le vendeur doit faire transcrire la vente dans la quinzaine, sous peine d'être exposé à perdre son privilége, et si, d'autre part, la transcription faite après le jugement déclaratif est nulle.

On a soutenu que l'article 448, ne parlant que de l'inscription, est complétement étranger à la transcription; que comme il s'agit ici d'une règle exceptionnelle, portant annulation d'un acte, nous ne pouvons appliquer cette règle que restrictivement, en ne sortant jamais des termes de la loi (Riom., 13 juin 1818, Sir., 18, 2, 278). Cela n'a pas prévalu. La transcription, dit l'article 2108 du Code civil, vaut inscription; donc toutes les règles applicables à l'inscription doivent l'être aussi à la transcription; ainsi le renouvellement décennal (art. 2154 C. civ.). L'article 448 du Code de commerce apporte une restriction au droit de prendre inscription; incontestablement cette restriction s'applique à la transcription; car, encore une fois, la transcription vaut inscription. On ne peut tirer aucun argument de la loi de 1855 ; car ses rédacteurs ont dit plus d'une fois qu'ils n'entendaient rien innover aux règles préexistantes.

Mais on est allé encore plus loin, et l'on a soutenu que la transcription pourrait être utilement faite après le jugement déclaratif de faillite. Ici nous nous trouvons en présence d'un système qui compte beaucoup plus de partisans. En vertu de l'article 1, § 4, de la loi du 23 mars 1855, pour qu'une vente soit parfaite à l'égard des tiers, il faut qu'elle soit transcrite ; tant que cette transcription n'a pas été faite, à l'égard de la masse, la propriété n'a pas été transférée ; le failli n'a pas pu devenir propriétaire de l'immeuble à lui vendu. Si la transcription est faite après le jugement, à ce moment seulement la masse peut dire que la propriété a été transférée ; une nouvelle acquisition est faite ; la masse ne peut en profiter qu'en respectant les droits existant sur l'immeuble nouvellement acquis, c'est-à-dire le privilége du vendeur dans notre cas. Ce raisonnement n'est pas exact ; le failli ne fait pas une nouvelle acquisition lors de la transcription ; car autrement, en quelle qualité serait-il en possession de ce bien, avant la transcription ? A quel titre le failli pourrait-il disposer du bien vendu, soit en partie, soit en totalité, et cela d'une manière si efficace que si le premier vendeur ne transcrit qu'après les quarante-cinq jours depuis la première vente, à une époque où le second acheteur a déjà transcrit la seconde vente, le premier vendeur ne pourra plus exercer, au moins quant au droit de suite, son privilége ? Il est vrai que, tant que la transcription n'a pas eu lieu, la position de l'acheteur failli est des plus précaires ; car le vendeur peut vendre à un autre qui, en transcrivant le premier, deviendra propriétaire de la chose vendue ; mais le premier acheteur n'est pas moins propriétaire avant la transcription, et les syndics n'ont qu'à transcrire l'acte de vente pour consolider cette propriété. Si le failli était propriétaire de la chose, il ne le devient donc pas par la transcription, il ne fait pas une nouvelle acquisition, les syndics ne sont pas forcés de respecter le privilége du vendeur. On pourrait dire qu'il serait trop dur pour le vendeur, qui n'a pas eu peut-être même le temps matériel nécessaire pour faire transcrire la vente, de se voir déchu de son privilége; mais ce n'est là qu'une critique à la loi, et l'inconvénient signalé n'est pas impossible à éviter; car les parties n'ont qu'à stipuler que la vente ne sera parfaite même entre elles que par la transcription; dans ce cas, il est vrai de dire que le failli fait, par la transcription, une nouvelle acquisition, et la masse n'en profitera qu'en reconnaissant le privilége du vendeur (Nancy, 6 août 1859; Alger, 17 mai 1865; Cass. 5 août 1869; Sir., 59, 2, 594; 65, 2, 187, 69, 1, 303).

Mais si le vendeur a perdu son privilége, n'a t-il pas au moins conservé le droit de demander la résolution de la vente pour défaut de payement du prix, droit qui lui est accordé par l'article 1654, du Code civil? La question ne faisait aucune difficulté avant la loi du 23 mars 1855; le droit de résolution du vendeur subsistait incontestablement. L'article 7 de la loi de 1855 décide que le droit de résolution du vendeur ne peut être exercé après l'extinction du privilége au préjudice des tiers qui ont acquis des droits sur l'immeuble du chef de l'acquéreur, et qui se sont conformés aux lois pour les conserver. Sur cet article, il s'est élevé une difficulté sur la question de savoir si la masse doit être considérée comme un tiers, ayant acquis de l'acheteur des droits sur le bien vendu, à l'encontre duquel le vendeur ne pourrait plus exercer son droit de résolution. Là-dessus trois systèmes :

Dans un premier système, assez rigoureux, qui est celui

de M. Troplong, on décide que le droit de résolution est perdu. Le failli étant dessaisi de ses biens, la masse a acquis sur tous ses biens, y compris l'immeuble vendu, le droit d'administration, qu'elle peut opposer au vendeur.

Un second système intermédiaire distingue entre le cas où les syndics ont pris l'inscription dont parle l'article 492 du Code du commerce avant la transcription de la vente, et le cas où ils ne l'ont prise qu'après ; dans le premier cas, le droit de résolution pourra être exercé, attendu que la masse n'a acquis aucun droit sur l'immeuble vendu ; dans le second cas, le droit de résolution ne pourra plus être exercé, car la masse a acquis sur le bien vendu une hypothèque ; alors l'article 7 de la loi de 1855 recevra son application (Riom, 1er juin 1850 ; Dalloz, 50, 2, 124).

Le troisième système, enfin, accorde le droit de résolution sans faire aucune distinction. Ceux qui, contrairement à ce que nous avons soutenu, refusent à la masse une hypothèque, ne trouvent aucune difficulté à expliquer ce système. Ils répondent aux partisans du premier système, avec beaucoup de justice, que parce que le failli se trouve dessaisi de ses biens, on ne peut en conclure que la masse a acquis des droits sur ces biens ; le failli est resté comme avant le propriétaire de ses biens. Ils répondent encore aux partisans du second système que du moment que le vendeur n'a perdu son droit de résolution que parce que la masse a acquis sur l'immeuble une hypothèque, pour eux qui n'admettent pas cette hypothèque, le droit de résolution doit rester intact. Mais le troisième système est plus difficile à soutenir quand on admet, comme nous, l'existence d'une hypothèque en faveur de la masse ; alors on se demande quel est le sens du mot *tiers* de l'article 9 de la loi de 1855. La pensée de la loi dans cet article a été de sanctionner, pour ainsi dire, ses dispositions. Comme elle disposait que le vendeur, pour pouvoir exercer son privilège, devrait faire transcrire l'acte de vente, et cela dans le but de l'intéresser à faire la transcription; comme cette disposition aurait perdu beaucoup de sa force si le vendeur avait conservé son droit de résolution, elle a ajouté que le vendeur ne pourrait pas davantage exercer la résolution vis-à-vis de ceux auxquels l'acheteur aurait consenti des droits sur le bien vendu. La pensée du rédacteur ne se porte que sur ce point; elle est bien loin de notre hypothèse; c'est pour cela que le rédacteur a soin de répéter qu'il ne veut en rien toucher aux dispositions législatives préexistantes. Nous sommes tenté d'admettre ce système, qui a pour lui l'équité et qui eût été approuvé par le législateur lui-même, s'il s'était douté d'une pareille difficulté (Grenoble, 13 mars 1858; Rouen, 10 juin 1850; Grenoble, 24 mai 1860; Sir., 58, 2, 176; 50, 2, 209; 60, 2, 526).

Le second privilége qui figure dans l'article 2103 du Code civil est le privilége du copartageant pour assurer l'exécution des obligations résultant du partage. L'article 2109 du Code civil donne au copartageant un délai de soixante jours pour prendre inscription. Ce délai a été réduit à quarante-cinq jours vis-à-vis des tiers par l'article 6-2° de la loi de 1855. La même question que nous avons vue se présenter à l'occasion du privilége du vendeur se présente de nouveau sur le privilége du copartageant. Mais la question fait ici moins de difficulté; car le copartageant ne peut conserver son privilége qu'en prenant une inscription, et l'article 448 du Code de commerce parle expressément de toute inscription de privilége ou hypothèque. Donc le privilége du copartageant est compris dans la disposition restrictive de notre article 448.

Même décision pour le privilége des architectes, entrepreneurs, etc., de l'article 2103-4° Code civil.

Que dire du droit qu'ont les créanciers ou les légataires d'une succession échue au failli, de demander la séparation des patrimoines? L'article 2111 accorde à ces créanciers

et légataires un délai de six mois, pour prendre inscription sur chacun des immeubles composant la succession,
et pouvoir écarter ainsi tout créancier personnel de l'héritier. Supposons que cette inscription est prise plus de
quinze jours après l'ouverture de la succession, et après
les dix jours qui précèdent la cessation des payements de
l'héritier failli. Appliquerons-nous dans cette hypothèse,
l'article 448, déclarant l'inscription annulable, et si cette
inscription n'a été prise qu'après le jugement déclaratif,
devions-nous, en vertu du même article 448, la déclarer
nulle? Pour ceux qui pensent comme nous, que les créanciers de la succession et les légataires n'ont pas un privilége, mais un droit *sui generis*, la question ne peut pas
faire de difficulté. L'article 448 ne parle que de l'inscription des priviléges et hypothèques; le droit des créanciers
et légataires n'est pas un privilége; donc l'article 448 ne
s'y applique pas. Mais, même en admettant que les créanciers et légataires ont un privilége, nous refuserions de
leur appliquer l'article 448; car autrement ils seraient dans
une situation extraordinaire, pouvant exercer leur privilége
sur les meubles seulement, et ne pouvant pas l'exercer
sur les immeubles de la même succession. Et puis, une
fois les immeubles de la succession vendus et transformés
en argent, les créanciers et légataires pourraient très-bien
exercer leur privilége sur cet argent comme sur tous autres meubles (Montpellier, 2 avril 1868; Sir. 68, 2, 283).

Et maintenant arrivons aux hypothèques. Toutes les hypothèques soumises à l'inscription tombent sous le coup de
l'article 448. Ce sont toutes les hypothèques conventionnelles, judiciaires et légales, sauf l'hypothèque légale de
la femme mariée et celle du mineur ou de l'interdit (art.
2153 C. civ.). Cependant ici encore nous avons une question
à résoudre, celle de savoir si l'article 448 s'applique au cas

où l'on exige une inscription même pour hypothèque de la femme mariée ou du mineur et de l'interdit. Nous voulons parler du cas prévu par l'article 8 de la loi du 23 mars 1855, qui impose l'obligation, quand le mariage, la tutelle ou la curatelle a pris fin, de faire inscrire dans l'année l'hypothèque sur les biens du mari, tuteur ou curateur; sans quoi cette hypothèque pourra être primée par d'autres personnes ayant acquis des droits réels sur les biens du débiteur et les ayant rendus publics. Si nous supposons l'inscription prise depuis les dix jours qui précèdent la cessation des payements et plus de quinze jours après la naissance de la dette, ou bien après le jugement déclaratif, cette inscription sera-t-elle annulable dans le premier cas et nulle dans le second? Si cette inscription a été prise dans le délai fixé par l'article 8, elle sera valable; car autrement la protection de la loi pour la femme, le mineur ou l'interdit leur manquerait justement au cas où elle leur serait le plus nécessaire. Au contraire, si l'inscription n'est prise qu'après l'année, alors, comme l'hypothèque rentre sous l'empire de droit commun, nous appliquerons la disposition de l'article 448 (Cass. 15 janv. 1862, 17 août 1868; Sir., 62, 1, 122; 68, 1, 377).

Il est presque universellement admis que le renouvellement décennal d'une inscription (art. 2154 C. civ.) fait depuis les dix jours avant la cessation des payements ou même après le jugement déclaratif est parfaitement valable. Cette décision résulte des termes mêmes de l'article 448, qui parle d'une inscription à prendre et non pas à renouveler. Elle est encore conforme à l'esprit de la loi, qui veut seulement punir la négligence de celui qui, par une inscription tardive, pourrait occasionner un préjudice aux tiers ayant contracté avec le failli; or cela ne peut être reproché à celui qui, par le renouvellement, avertit les tiers de l'existence de l'hypothèque. Il a même été jugé que la faillite du débiteur ne peut pas dispenser le créancier de renouveler l'inscription de son hypothèque (Rouen 30 mars 1825, Paris 12 août 1825; Sir., 25, 2, 521, 25, 2, 145. Contra, Paris 7 déc. 1831; Sir., 32. 2, 129).

Pourra-t-on, après le jugement déclaratif, prendre une inscription pour garantir les intérêts d'une créance hypothécaire? On a soutenu que oui; car ici on ne prend pas une inscription pour une dette nouvelle, mais pour une dette qui est l'accessoire d'une autre dette préexistante ; et puis le créancier hypothécaire ne peut pas souffrir du retard qu'ont apporté les syndics à la vente de biens, de manière à perdre l'avantage que lui accorde l'article 2151 du Code civil. Mais cela n'a pas été admis. En prenant inscription pour la garantie des intérêts, on veut garantir une nouvelle créance, indépendante de la créance du capital; en outre le créancier hypothécaire n'a qu'à poursuivre la vente du bien hypothéqué, s'il ne veut pas souffrir du retard apporté à cette vente.

Jusqu'ici nous nous sommes occupés des cas prévus par l'article 448, c'est-à-dire de la nullité des inscriptions des priviléges et hypothèques. Nous allons nous demander maintenant si l'on ne peut pas appliquer l'article 448 à d'autres actes pour la validité desquels la loi a exigé la condition d'une certaine publicité, et particulièrement à la transcription d'une donation et à la notification ou à l'acceptation d'une cession de créance.

Une donation faite par le failli avant les dix jours qui précèdent la cessation de payements n'est transcrite que depuis cette époque; devrons-nous appliquer ici l'article 446, 1° et la déclarer nulle, ou devrons-nous appliquer l'article 448 et la déclarer annulable, s'il s'est passé plus de quinze jours entre l'acte de donation et sa transcription?

Où devrons-nous déclarer cette donation valable? La jurisprudence est ici très-divisée; des arrêts existent dans les trois sens.

Pour soutenir qu'il faut appliquer l'article 448, on raisonne ainsi : l'article 448 permet d'annuler seulement les inscriptions des hypothèques et privilèges; mais si nous nous demandons qu'elle a été l'intention du législateur, en édictant cette disposition, nous verrons qu'il a voulu permettre l'annulation de tous les actes qui ont pour but de consolider d'une manière définitive un droit préexistant : nous devons alors nécessairement appliquer l'article 448 à la transcription des donations. Ici, comme au cas de l'inscription d'hypothèque ou privilège, la personne qui contracte avec le failli n'a-t-elle pas pu être trompée et croire que l'immeuble donné faisait encore partie du patrimoine du donateur? Et pourquoi la négligence d'un créancier hypothécaire ou privilégié serait-elle plus sévèrement punie que celle d'un acquéreur à titre gratuit?(Montpellier, 4 juin 1844. Sir., 45. 2, 401).

Le système qui soutient qu'il faut appliquer l'article 446 trouve sa base dans la règle suivant laquelle le défaut de transcription d'une donation immobilière, peut être invoqué par les créanciers chirographaires du donateur. Comme pour ces créanciers, la donation d'un immeuble n'est parfaite que par la transcription de cette donation, et comme cette transcription n'a été faite que depuis la cessation de paiements ou dans les dix jours qui la précèdent, l'article 446 annulant la donation faite à cette époque, nous devrons déclarer nulle la transcription, et par suite la donation elle-même(Montpellier, 27 1840, sir 40, 2 400).

Enfin des arrêts décident que la transcription peut être valablement faite après l'époque de la cessation des paiements ou dans les dix jours précédents (sous l'empire de l'ancien Code, Grenoble, 17 juin 1822, sir. 23, 2 273. Depuis la loi de 1838, Bourges, 0 août 1847. Rouen, 1856, sir 47, 2 485, 57, 2, 41). Il est impossible, quand il s'agit d'une disposition exceptionnelle, d'étendre cette disposition à d'autres cas analogues non prévus par elle. Le second système est manifestement contraire à l'article 938 Code civil, d'après lequel la donation est parfaite et la propriété de la chose donnée est transférée par le simple consentement des parties. Il est vrai que l'article 941 Code civil, dit que le défaut de transcription peut être opposé par toute personne ayant intérêt; mais immédiatement l'article fait une exception pour ceux qui étaient chargés de faire la transcription, ou leurs ayants cause. Pour nous, le second système est préférable. Il est évident que les créanciers chirographaires, sont des tiers ayant intérêt à opposer le défaut de transcription.

Si la donation a été acceptée avant les dix jours qui précèdent la cessation de paiements; mais si cette acceptation n'a été notifiée qu'après, les créanciers du failli ont le droit de critiquer la donation et de la faire déclarer nulle, en vertu du 1er de l'article 446 (Code com.).

Enfin supposons une cession de créance opérée avant les dix jours qui précèdent la cessation de paiement; mais la notification au débiteur ou son acceptation par acte authentique n'est venue qu'après cette époque, devrons-nous appliquer l'article 448, Code commercial, ou l'article 446, ou devrons-nous déclarer la cession valable? L'article 1690, Code civil, dit que le cessionnaire n'est saisi à *l'égard des tiers* que par la notification de la cession au débiteur ou son acceptation par acte authentique. Les créanciers du failli sont incontestablement des tiers; ils peuvent donc attaquer la cession notifiée ou acceptée depuis les dix jours précédant la cessation de paiements, quand cette cession sert à payer une dette échue ou non échue.

Les créanciers du failli sont des tiers, non-seulement dans le sens de l'article 1690 du Code civil, mais même dans le sens de l'article 1328 ; de sorte qu'un acte passé par le failli avec un tiers ne peut être opposé à ses créanciers qu'autant qu'il a date certaine. C'est là une des questions qui ont divisé le plus la jurisprudence, et sur lesquelles ont été rendus les arrêts les plus contradictoires (jugé dans notre sens. Paris, 13 décembre 1814 ; Bordeaux, 18 avril 1820 ; Cass. 13 juillet 1830 ; 4 janvier 1847 ; 10 mai 1847 ; 15 mai 1850 ; Sir., 47, 1, 161 ; 47, 1,616, 50, 1, 509).

§ 4. *Nullité facultative pour le juge de tout acte à titre onéreux passé par le failli depuis la cessation de payements.*

Code de commerce ; article 447. « Tous autres actes à titre onéreux passés par le failli après la cessation de ses payements et avant le jugement déclaratif de faillite, pourront être annulés si, de la part de ceux qui ont reçu du débiteur ou qui ont traité avec lui, ils ont eu lieu avec connaissance de la cessation de ses payements. »

L'article 447 du Code de commerce permet au juge d'annuler tous les actes à titre onéreux passés par le failli depuis la cessation de ses payements, s'il y a eu connaissance de cet état de la part du tiers contractant.

Nous avons déjà expliqué la disposition de notre article, en traitant de la nullité du payement fait par le failli. Ici nous n'avons qu'à montrer les différences qui existent entre l'article 447 du Code de commerce et l'article 1167 du Code civil. L'article 1167 permet aux créanciers d'attaquer tout acte passé par leur débiteur en fraude de leurs droits. Chaque créancier peut individuellement attaquer un pareil acte, pourvu qu'il prouve la fraude ; mais comme l'un des éléments de la fraude, c'est le préjudice occasionné par l'acte, il est évident qu'un créancier ne peut attaquer l'acte, s'il n'était pas créancier à l'époque où l'acte a été passé. L'article 447, au contraire, n'est créé que dans l'intérêt de la masse ; un créancier du failli ne peut plus agir isolément. En second lieu, en cas de faillite, on n'a plus à rechercher si tel ou tel créancier existait au moment où l'acte attaqué a été passé. Ici nous retombons dans le système de l'action Paulienne du droit romain, qui exigeait pour l'exercice de cette action, l'envoi en possession des biens du débiteur. Cette différence est importante à noter ; car ce n'est que par une confusion du système de l'article 1167 avec le système de droit romain et de l'article 447 du Code de commerce, que des auteurs ont soutenu qu'un créancier postérieur à l'acte attaqué pourrait profiter de l'action intentée par le créancier antérieur à cet acte. Remarquons encore que le jugement qui annulle un acte en vertu de l'article 447 a un effet général pour toute la masse, tandis qu'un jugement annulant un acte en vertu de l'article 1167 du Code civil ne peut avoir d'effet qu'à l'égard de ceux qui ont été portés dans l'instance.

CHAPITRE III.

Outre le dessaisissement des biens du failli qui est un
effet produit de plein droit, concernant à la fois la personne
du failli et ses biens, le jugement déclaratif produit d'autres
effets sur la personne du failli, effets qui ne cessent que
par la réhabilitation.

Nous avons vu, dans notre résumé historique du droit
français en notre matière que le failli, même non banqueroutier, encourrait certaines déchéances. Dans le droit intermédiaire, plusieurs dispositions législatives ont créé des
incapacités politiques frappant les faillis. Ainsi le décret
du 22 décembre 1789, relatif *à la constitution des assemblées primaires et des assemblées administratives*, dans les
articles 5 et 7 de la section 1re, déclare le failli et ses enfants héritiers de ses biens incapables d'être électeurs ou
éligibles dans les assemblées politiques, ni de rester
membres de ces assemblées tant qu'ils n'ont pas payé
tous les créanciers du failli, en capital et intérêts.

La constitution des 3-14 septembre 1791 (tit. III,
chap 1, sect. 2), « exclut le failli de l'exercice des droits
de citoyen actif... (art. 5). »

La convention décrète que les faillis seront incapables de
remplir aucune fonction publique (décr. 21 vendémiaire
an III).

Les constitutions du 5 fructidor an III (tit. II, art. 13) et du 22 frimaire an VIII (art. 5), consacrent la même décision, en l'étendant à l'héritier immédiat de tout ou partie de la concession du failli.

Cet article 5 de la constitution de l'an VIII, n'a pas été abrogé par les chartes de 1814 et de 1830, et a été laissé en vigueur comme article de loi; la jurisprudence l'a souvent reconnu (Cass, 6 août 1838; Sir., 39, 1, 130; 12 novembre 1841; Sir., 42, 1, 945). Jusqu'en 1848, l'exercice des droits de citoyen est donc resté suspendu par la qualité de failli non réhabilité et même par celle d'héritier immédiat de ce failli.

Cet état de choses subsiste-t-il encore aujourd'hui? Nous ne le croyons pas. Un décret du gouvernement provisoire du 18 avril 1848 est venu abroger partiellement l'article 5 de la constitution de l'an VIII, en rendant les droits électoraux aux faillis déclarés excusables aux termes des articles 538 et 539 du Code de commerce. Ce décret, applicable à plus forte raison à l'héritier immédiat du failli déclaré excusable, n'avait qu'un caractère provisoire. La constitution du 4 novembre 1848 (art. 27) renvoie à *la loi électorale* la détermination des causes qui peuvent priver un citoyen français du droit d'élire et d'être élu. Cette loi électorale est celle du 15 mars 1849. Le projet de la commission refusait les droits électoraux aux *faillis non réhabilités.* L'assemblée trouva cette disposition trop rigoureuse, quoiqu'elle fût un progrès sur la constitution de l'an VIII, en ce qu'elle n'assimilait pas au failli l'héritier immédiat de ce failli; le projet fut modifié, et l'article 3 de la loi n'excluait de la liste électorale que les faillis qui, n'ayant point obtenu de concordat, ou n'ayant point été déclarés excusables, n'ont pas d'ailleurs été réhabilités.

Nous sommes aujourd'hui sous l'empire du décret orga-

nique du 2 février 1852, dont l'article 15 porte que : « Ne
doivent pas être inscrits sur les listes électorales, 1°,.... 17°,
« les *faillis non réhabilités*, dont la faillite a été déclarée,
« soit par les tribunaux français, soit par jugements rendus
« à l'étranger, mais exécutoires en France. » — Et l'article 27 : « Sont déclarés indignes d'être élus les candidats
« désignés à l'article 15 de la présente loi. » — La loi du
4 juin 1853, sur *la composition du jury* déclare également
(art. 2, n° 9), incapables d'être jurés *les faillis non réhabilités*.

On voit que l'héritier immédiat d'un failli non réhabilité
est aujourd'hui parfaitement capable d'être électeur et
d'être élu, qu'il est aussi capable d'être juré en matière
criminelle. Reste-t-il incapable d'exercer d'autres droits
politiques, de remplir d'autres fonctions publiques? Nous
ne le croyons pas. L'article 5 de la constitution de l'an VIII
tout le système qu'il consacrait en notre matière, tout cela
est évidemment abrogé par les textes que nous venons
d'examiner. Si l'héritier du failli est devenu capable
d'exercer les droits électoraux, à plus forte raison peut-il
exercer d'autres droits moins importants ; la qualité de citoyen lui est complétement rendue.

La loi du 25 ventôse an XI, contenant *organisation du
notariat*, porte (art. 35) que pour pouvoir *être notaire*,
il faut jouir des droits de citoyen; la même loi exige
(art. 9) la même condition pour pouvoir être témoin dans
un acte notarié. Il faut en conclure que le failli non réhabilité ne peut aujourd'hui ni être notaire, ni servir de témoin dans un acte notarié.

De même il ne peut être agent de change, ni courtier
(art. 83 du Code de commerce de 1808).

Enfin la loi du 18 mars 1806, portant établissement
d'un Conseil de prud'hommes, à Lyon, dit expressément

(art. 3) que les négociants-fabricants ne peuvent être élus prud'hommes, s'ils ont fait faillite. La loi du 20 février 1810, article 14, — porte aussi que les faillis ne peuvent pas concourir à l'élection des prud'hommes. Ces deux textes doivent évidemment s'entendre seulement des faillis qui sont privés du droit de remplir des fonctions publiques, c'est-à-dire des faillis non réhabilités.

Outre ces incapacités politiques, le commerçant failli encourt d'autres incapacités. C'est ainsi que l'article 613 du Code de commerce reproduisant littéralement l'ancien article 614, lui défend de se présenter à la Bourse, à moins qu'il n'ait obtenu sa réhabilitation. S'il se présente à la Bourse, il devra en être expulsé par l'autorité compétente. Cette déchéance, ajoutée en 1807, sur la demande du tribunal, est motivée par l'idée « d'établir entre le failli et « les autres commerçants une distinction qui, ayant le ca-« ractère de la honte, engagerait les commerçants à redou-» bler de soins et d'efforts pour prévenir une faillite qui, « quoiqu'elle n'ait point les caractères de la banqueroute, « ne laisse pas d'avoir des suites fâcheuses et d'imprimer « une tâche sur le failli. »

Telles sont les principales incapacités qu'entraîne le jugement déclaratif de faillite. La réhabilitation peut seule effacer toutes ces incapacités, et rendre au failli l'exercice complet de tous ses droits.

POSITIONS.

DROIT ROMAIN.

I. Le *nexum* n'était qu'une garantie, consistant dans les *operæ* du *nexus* qui devaient assurer le payement de la dette.

II. Le commerce de l'homme libre a toujours été défendu chez les Romains.

III. La règle *qui s'oblige oblige le sien* était inconnue dans les premiers temps de Rome.

IV. L'*addictio* ne donnait au créancier aucun droit sur les biens du débiteur.

V. L'envoi en possession des biens ne confère aucun droit au créancier conditionnel ; ce n'est à son égard qu'une simple formalité.

VI. Le *curator*, dont nous parlent les textes du Digeste, a remplacé le *magister*, dont nous parlent Gaïus et Théophile.

VII. Le débiteur qui faisait de nouvelles aquisitions

après la vente totale de ses biens était encore tenu envers les créanciers antérieurs à cette vente.

VIII. L'infamie entraînait après elle la perte de tous les honneurs et de toutes les dignités.

IX. Le bénéfice de cession de biens ne peut être invoqué que par le débiteur de bonne foi.

X. La loi *Elia Sentia* a dû précéder l'action Paulienne.

XI. Le créancier qui a reçu son payement ne doit pas être assimilé, quant à l'exercice de l'action Paulienne, à un acquéreur à titre onéreux.

XII. Le créancier hypothécaire pouvait exercer l'action Paulienne.

DROIT CIVIL.

I. Le dessaisissement du failli s'opère de plein droit, sans qu'il soit nécessaire que le jugement déclaratif ait été rendu public.

II. L'exécution commencée contre le failli, avant sa faillite, ne peut pas être continuée postérieurement contre les syndics.

III. Les créanciers privilégiés ou hypothécaires ne peuvent pas, en se fondant sur l'article 444 du Code de commerce, poursuivre avant le terme la vente des biens sur lesquels portent leurs priviléges ou hypothèques.

IV. Le montant d'un effet de commerce n'est passé en compte courant qu'en sous-entendant la clause *sauf-encaissement*.

V. Le locateur ne peut pas, en cas de faillite du locataire, demander le payement des loyers à échoir, tant que l'im-meuble reste suffisamment garni.

VI. L'article 490-3° du Code de commerce crée une véritable hypothèque au profit de la masse.

VII. L'article 449 du Code de commerce doit s'appliquer au cas où le payement a été effectué par un autre que le tiré, au porteur ou à tout autre, au jour de l'échéance ou après ce jour.

VIII. Une hypothèque créée pour assurer le remboursement d'une somme empruntée par suite de l'ouverture d'un crédit, prend rang du jour de son inscription, et non pas du jour où la somme a été prêtée.

IX. La subrogation consentie par la femme mariée à son hypothèque légale, au profit d'un créancier du mari, après la cessation des payements ou dans les dix jours qui la précèdent, est valable, et la femme peut exercer sur les biens du mari l'hypothèque garantissant la créance qui résulte pour elle de cette subrogation.

X. Le privilége du vendeur, quant à la transcription de l'acte de vente, est soumis aux nullités prononcées par l'article 448 du Code de commerce.

XI. Le vendeur conserve son droit de résolution après la faillite de l'acheteur.

XII. Les créanciers ou les légataires peuvent prendre l'inscription dont parle l'article 2111 du Code civil, même après le jugement déclaratif de la faillite de l'héritier.

XIII. L'inscription, exigée par l'article 8 de la loi du 23 mars 1855, pour l'hypothèque de la femme mariée, du mineur, et de l'interdit, tombe sous l'application de l'article 448 du Code de commerce.

XIV. La faillite du débiteur ne dispense pas le créancier hypothécaire du renouvellement décennal de son inscription,

XV. La transcription d'une donation ne tombe pas sous l'application de l'article 448 du Code de commerce.

XVI. Les créanciers du failli sont des tiers et non pas des ayants cause du failli.

CODE DE PROCÉDURE ET DROIT PÉNAL.

I. L'article 581 du Code de procédure n'a pas été modifié par l'article 443 du Code de commerce.

II. Les créanciers postérieurs à la donation de biens déclarés insaisissables par le donateur ne peuvent, en cas de faillite du donataire, saisir ces biens que conformément à l'article 582 du Code de procédure.

III. Le tribunal civil est incompétent pour juger une question qui serait une conséquence de la faillite, avant que cette faillite soit déclarée par le tribunal de commerce.

IV. Il ne peut pas y avoir de poursuites ou de condamnation pour banqueroute, sans déclaration de faillite.

V. L'héritier immédiat du failli non réhabilité est aujourd'hui capable d'exercer tous les droits politiques et de remplir toutes les fonctions publiques, absolument comme tout autre citoyen.

HISTOIRE DU DROIT. — DROIT DES GENS.

I. Sous la monarchie franque le principe de la personnalité des lois avait pour effet de faire régir chaque individu par sa loi d'origine et non par celle de son choix.

II. Sous l'ordonnance de 1673 la déclaration de faillite n'était pas soumise à la volonté du débiteur.

III. Les meubles d'un agent diplomatique peuvent être saisis pour le payement de ses dettes.

IV. En cas de faillite d'un étranger, il faut appliquer les règles de la loi française, tant celles qui sont rigoureuses pour le failli que celles qui lui sont favorables.

V. Le jugement déclaratif de faillite, rendu par un tribunal étranger, peut, aux yeux de la loi française, altérer d'une manière définitive la capacité de la personne déclarée faillie.

Le président de la thèse,
VALETTE.

Vu par le doyen,
COLMET-DAAGE.

Vu et permis d'imprimer,
Le Vice-Recteur,
A. MOURIER.

J. — Paris. — Imprimerie Cusset et Cᵉ, rue Racine, 26.

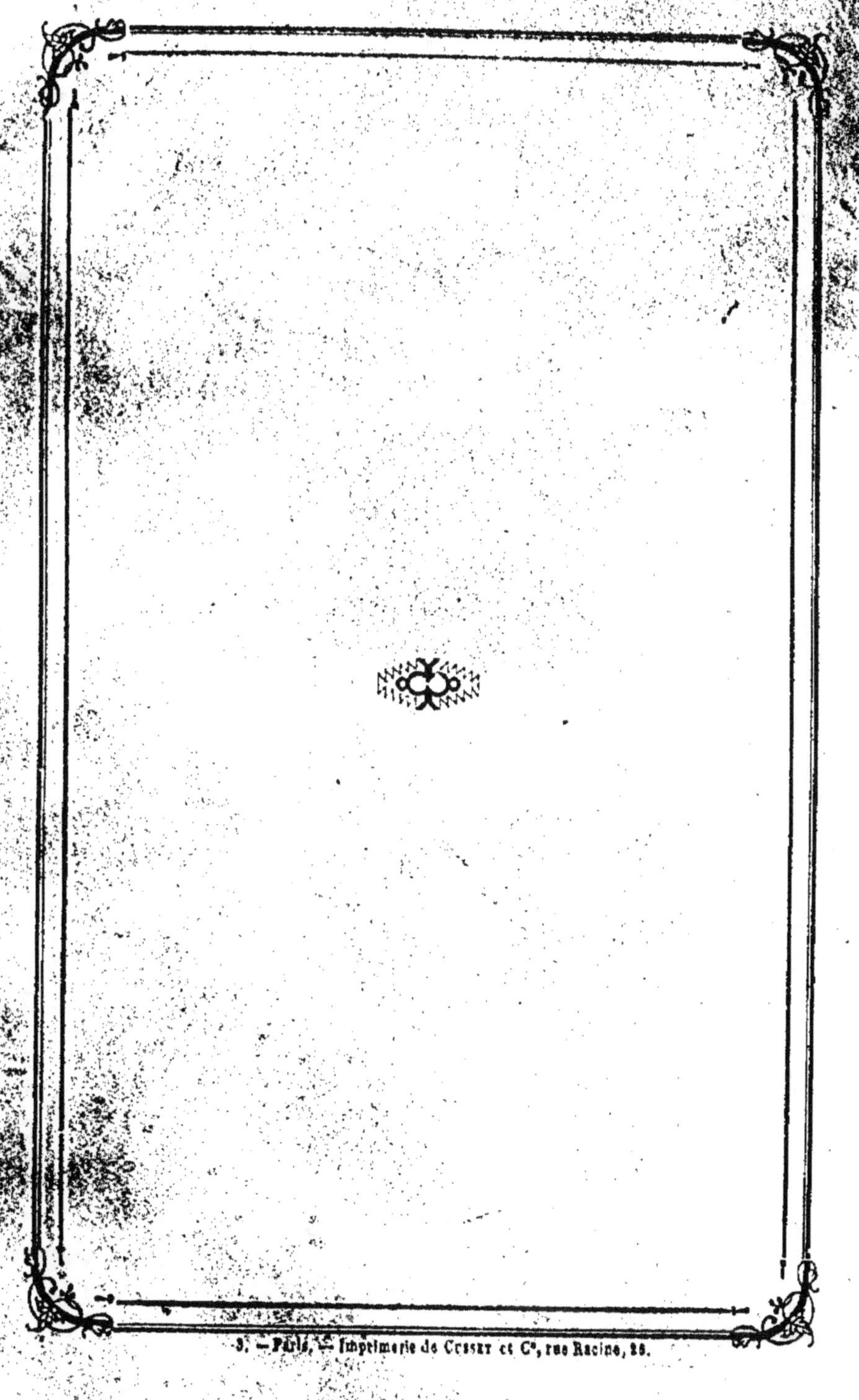

3. — Paris. — Imprimerie de Cosson et Cᵉ, rue Racine, 26.

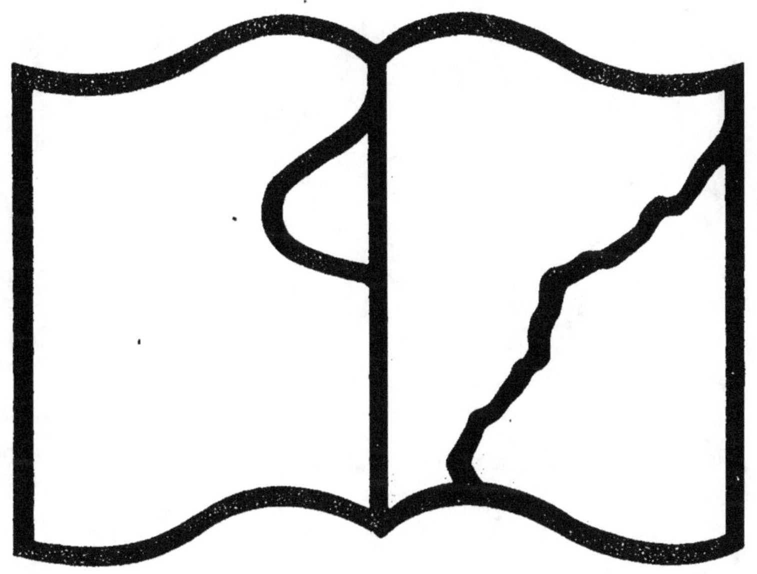

Texte détérioré — reliure défectueuse

NF Z 43-120-11

www.ingramcontent.com/pod-product-compliance
Lightning Source LLC
Chambersburg PA
CBHW062328070726
47596CB00008B/344